Füße nicht auf die leichte Schulter nehmen

rosenheimer raritäten

Bernd Ellermann

Füße nicht auf die leichte Schulter nehmen

1000 Pressestilblüten

Zeichnungen
von Erik Liebermann

rosenheimer

In der Sonne waren es 35 Grad im Schatten.

Gießener Anzeiger

Ihre sündige Unschuld machte ihn rasend.

Neue Revue

Mord aus unnatürlicher Freude am Töten.

Berliner Morgenpost

Sehen Sie sich »Old Surehand« an, wenn auch Indianer statt Tore fallen. *Bild*

Füße nicht auf die leichte Schulter nehmen.

Wiesbadener Kurier

Glückliche Ehen, sie bestehen in der Reiterei oft nur im Sattel, zwischen Mensch und Tier.

Sport-Informations-Dienst

Pastor erschießt Bären beim Konfirmationsunterricht.

dpa

Der Landwirtschaftsminister ließ die Bauern zusammenkommen, denn die Schweine fraßen zuviel . . .

treffpunkt lemgo

Die Republik Irland hat einen Babyboom erlebt, für den der Papst verantwortlich sein soll.

Der Kassenarzt

Curd Jürgens zahlte zähneknirschend sein neues Gebiß. *BZ, Berlin*

Die Polizei: Taveu hatte erst sich selbst und dann die Geliebte erschossen. *Bild*

Unter den älteren Besuchern schienen viele Mutterschweine zu sein, welches wir aus dem ununterbrochenen Grunzen entnommen haben.

WAZ

Empfängerinnen von Altersrenten haben keinerlei Anspruch auf Schwangerschaftsbeihilfen. *Das Beste*

Wer auf dem Weg von der Arbeit nach Hause baden geht und ertrinkt, bekommt keine Unfallversicherung . . . *Bild*

Diskussionsgruppe Donnerstag: Der Verkehr mit dem anderen Geschlecht (nur bei schlechtem Wetter).

Weltwoche, Zürich

Bei der Geburt ist künftig auch die Mutter dabei.

Waiblinger Kreiszeitung

Durch einen Lichtstrahl drangen die Täter in den Kassenraum ein . . . *Klagenfurter Zeitung*

Im Rachen des Krokodils wurden die Beine des Opfers fast unversehrt gefunden . . . *Bild*

Auf einen parkenden Lastwagen fuhr gestern gegen 0.30 Uhr eine Pkw-Fahrerin auf. Angeblich war sie durch die Sonne geblendet worden.

Oberviechtacher Anzeiger

In einer Stellungnahme erklärte er, er könne nicht Stellung nehmen . . . *Kölner Stadtanzeiger*

Unter den Augen vieler Zuschauer versuchte er, die Frau vor der Autobahnbrücke zu mißbrauchen. Die Polizei kam ihm zuvor. *Wetzlarer Neue Zeitung*

Ein Haus der Begegnung. Leichenhalle in schlichter Feier eingeweiht. *Badische Zeitung*

Früher ertranken in der Isar Tausende von Kindern und Tieren. Das ist jetzt vorbei, weil es verboten ist.
Moosburger Zeitung

. . . da man Menschen in dem brennenden Flugzeug vermutete. Glücklicherweise waren jedoch nur einige Putzfrauen an Bord. *Moosburger Zeitung*

. . . ist jede Leiche spätestens nach dem Eintritt des Todes in die Leichenhalle zu überführen.
Herzberger Zeitung

Trotz des Wein-Booms liegt die Konsumquote im Vergleich aller katholischen Getränke bei nur zwei Prozent. *Flensburger Tageblatt*

Bereits 1908 . . . wurde eine Frauenhilfe gegründet, um die Liebestätigkeit an den Gliedern der Gemeinde zu wecken und zu organisieren.
Westdeutscher Anzeiger

Seit seinem Bestehen hat der Militärische Abschmierdienst (MAD) . . . *Soltauer Zeitung*

Geschlechtsunterschiede zwischen Mann und Frau bestehen nicht . . . *FAZ*

Fahrgäste, die Hunde gefährden können, müssen einen Maulkorb tragen. *ap*

Die Bewohner des Stadtteils sollen die Möglichkeit haben, sich am Fest selbst zu beseitigen . . .
Enz- und Metter-Bote

. . . erklärte der Vorsitzende der Landesvereinigung der Schausteller, Markt- und Messerstechereien, Anton Hill. *Frankfurter Abendpost*

Nur glückliche Schweine geben gute Koteletts. *Bild*

Sex-Aufklärung für angehende Priester (damit sie wissen, was ihnen entgeht). *Daily Mirror*

Dann saß sie da wie erstarrt. Nur ihr Kopf wackelte. So verging eine Woche. *Bunte*

In der Tat ist dieses Buch so heiß, daß man damit eine Hose bügeln könnte. *Stern*

Es gibt vollschlanke Ladendiebinnen, die einen kleinen Fernseher geschickt zwischen den Beinen plazieren können . . . *FAZ*

Rund 700 Pf. wiegt dieser 2-Zentner-Mann.
Hessische Allgemeine

Mittelschwer verletzt wurde eine Hausfrau, die auf der Straße nach Sülfeld ins Schleudern geriet, sich mehrmals überschlug und dann auf dem Seitenstreifen zum Stehen kam. *Wolfsburger Nachrichten*

Chinesischer Türke erstach Jugoslawen. *Bild*

Kein anderer Teil der weiblichen Anatomie ist so vielem Auf und Ab unterworfen wie der Busen. *Die Welt*

»Manchmal denke ich, es wäre besser, keinen BH zu tragen.«

Ohne sein Wissen tötet Ödipus seinen Vater ...
Münchener katholische Kirchenzeitung

Ein unbekannter Täter entwendete aus der öffentlichen Toilettenanlage ... Schwarzbrot, Zigaretten und Kaffee, den er dort kochte. *Sylter Rundschau*

Känguruh springt aus dem Kantinenteller.
Süddeutsche Zeitung

Auf Muttis Schoß fühlt sich der 14 Monate alte Prinz genauso sicher wie sein Vati. *Bild*

Bei illegalen Geldwechslern wurden westliche Devisen konfisziert. Die Währungen waren meist US-Dollars, britische Pfunde und Bismarks. *Narhind Times*

Eine gewerkschaftliche Tat nannte der Vorsitzende die Geburt seines Sohnes angesichts der Lehrerarbeitslosigkeit und des Geburtenrückgangs. In Anbetracht seines übervollen Terminkalenders kann dies nicht hoch genug gewürdigt werden. *Neue deutsche Schule*

Irrer Betrieb in der neuen Nervenklinik. *Bild*

Abführmittel vor dem Petitionsausschuß.
Dienst für Gesellschaftspolitik

Um ihren Fortbestand zu sichern, wollen die Benediktinerinnen ... Durchreisende beherbergen.
Badische Zeitung

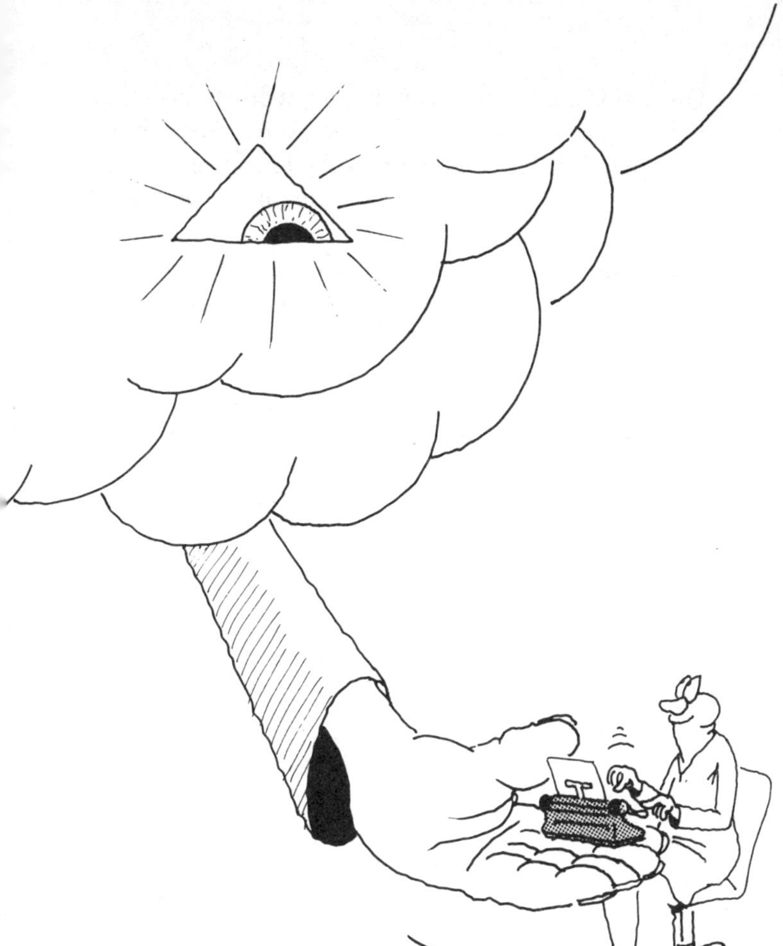

Gott ist kein Unmensch. *Jasmin*

Die Polizeibeamten waren durch die spitzen Schreie auf eine Schreckenstat gefaßt, mußten jedoch das Gegenteil erkennen . . . *Sylter Insel-Nachrichten*

»Nun sag schon, daß du glücklich bist!«

Nach Fünflingsgeburt sang der Gesangsverein: »Herr, wir preisen Deine Stärke«. *Bild*

Die ausgetauschten Löcher gehen in das Eigentum des Kunden über. *Markt, Glinde*

Volksabstimmung im Kanton Zürich: Drei Ja und ein Nein! *Neue Züricher Zeitung*

Mit ihrem ersten Sieg in ununterbrochener Reihenfolge gelang der Eishockeymannschaft . . .
Neuß-Grevenbroicher Lokal-Zeitung

Knapp zwei Stunden später raubten drei weiße Täter, darunter ein Farbiger, den Indonesier aus Holland aus. *Wiesbadener Kurier*

Die Brutmaschinen des Geflügelzuchtvereins stehen für jeden zur Benutzung frei. Selbstverständlich werden auch die Eier von Nichtmitgliedern ausgebrütet.

Bondorfer Nachrichten

Anna Moffo war ein dickes und gehemmtes Kind – dann zog sie sich nackt aus und wurde eine Primadonna.

Bunte

Wenn am 29.9. das Deutsche Schauspielhaus wiedereröffnet wird, dann zerfällt das Haus in zwei Teile.

Harburger Nachrichten

Selbst bei Beerdigungen kommt keine echte Fröhlichkeit auf.
Haller Kreisblatt

Aus der Unterhose der meisten Männer spricht Gleichgültigkeit und Nichtachtung der Frau . . .
das da

160 Häftlinge warten auf den Tag der offenen Tür.
Hamburger Abendblatt

Ab einer bestimmten Wassertiefe hat der Soldat selbsttätig mit schwimmartigen Bewegungen zu beginnen.
Heeresdienst-Nachrichten

»Im Gleichschwimm – marsch!«

Der Nackte begehrte Einlaß, dies wurde nicht gewährt, weil Krawattenzwang bestand.
Frankfurter Abendpost

Das Drama bei der Bundesbahn ereignete sich fahrplanmäßig. *Braunschweiger Zeitung*

Er hat für immer die Karten aus der Hand gelegt ... Auf seiner letzten Reise wünschen wir ihm nochmals ›Gut Blatt‹. *Skat-Magazin*

Überlebenschance für Ertrunkene gestiegen.
Ärzte-Zeitung

Von den anderen Frauen hat Carl Heinz Schroth zwei Töchter und einen Sohn. Mit Barbara hat er zwei große Hunde. *BamS*

Elstner hat von Geburt an ein Glasauge.
Rheinische Post

Wenn dieses Signal ertönt, sind sofort die nicht vorhandenen Schutzräume aufzusuchen ...
Rhein-Neckar Zeitung

Fünfzig Jahre Freund und Leid geteilt.
Husumer Nachrichten

Die Rastatter Feuerwehr löschte den Brand. Deshalb dürfte der Schaden sehr groß sein. *Badisches Tagblatt*

Ein Schwangerschaftsabbruch sollte nicht übers Knie gebrochen werden. *ddp*

Wir bringen viele Beispiele, wie Sie Mitarbeiter bei Laune halten, ohne daß es mehr als gute Worte kostet.

Impulse

Die stattliche Zahl von 300.000 Forelleneiern sind von ihm gebrütet, abgestreift und befruchtet worden.

Wetterauer Kreisanzeiger

Eine Straßenbahn verging sich gestern auf der Kennedybrücke mit dem Stromabnehmer in der Oberleitung.

Bild

Auf dieser Demonstration entstand 500.000 DM Sachschaden. Das hätte die Hamburger Polizei allein nicht schaffen können.

taz

. . . schlossen die Gutachter aus, daß sie bereits tot gewesen sein könnte, als sie sich die Schlinge um den Hals gelegt hatte.

Schwäbische Post

Ohne Unterschied der Konfession, des Standes und des Geschlechts ist jeder Mann herzlich eingeladen.

Fehmarnsches Tageblatt

Zu Ehren von . . ., die in die ewigen Fischereiwaidgründe einwechselten, erhoben sich die Teilnehmer der Sportfischervereinigung von den Plätzen.

Sylter Rundschau

Sie drückten den schußschwachen Polen vergeblich die Damen.

Bayerische Rundschau

Vier Tote starben am Wochenende.

Wimpfener Heimatblatt

Die Chansonsängerin: »Ich sitze am liebsten auf dem Schoß meines Verlobten. Dann höre ich ihm zu, wie er Klavier spielt.« *Bild*

Die Frauen der Gemeinde, die diese Leckereien gebakken hatten, fanden reißenden Absatz.
Bonner Rundschau

Knüller für Kreuzfahrer: Kinder gratis. *Für Sie*

Nancy Reagan ließ noch nie eine Gesichtslüftung machen . . . *Schwarzwälder Bote*

Das Tragen von Hüten kann die sexuelle Aktivität erheblich dämpfen. Zu diesem Ergebnis kamen jetzt Wissenschaftler bei Untersuchungen an Vögeln . . .
Presseinformation der Max-Planck-Gesellschaft

. . . daß sie es niemals bis zum Ufer schaffen würde. Da tauchte er wieder auf, nahm sie auf den Rücken und rief: Fortsetzung folgt. *Hellweger Anzeiger*

Gott ist nicht tot, sondern bloß beim »Wort zum Sonntag« eingeschlafen. *BamS*

Tierarzt Dr. Ö. erklärte sich bereit, täglich, auch sonntags, zu besamen. *Waiblinger Kreisblatt*

Live aus dem Bonner Rathaus: 21.00: Der Denver Clan. *Augsburger Allgemeine*

In die Hocke gehen, Arzt kräftig nach vorne schwingen – einatmen . . . *Hamburger Abendblatt*

So freut sich auch Gott an der Liebe und Treue zweier Menschen ... und spricht: Ich sei, gewährt mir die Bitte, in Eurem Bunde der Dritte! *Die Ehe*

... dann Totenmark und Gewürze zugeben, abschmecken ... *Augsburger Allgemeine*

Umgestürzte Bäume verhinderten die Weiterfahrt der Löschfahrzeuge, diese mußten zersägt werden.
Mendener Zeitung

... denn die Erkrankten klagten über Fuß-, Rücken- und Fernsehschmerzen! *Neue Post*

Zur Wärterin der Brücke wurde Madame Suzanne Padour bestellt. Sie hat eine Tragkraft von 18 Tonnen und ist durchgehend für den Verkehr geöffnet ...
Le soir

Polizeistreife in die Arme gelaufen – Jugendlicher geriet in falsche Hände. *WAZ*

Er muß größte Rücksicht auf seine Gesundheit nehmen und will deshalb Bundestagsabgeordneter bleiben. *Berliner Abend*

Die Eheleute sollen sich gegenseitig erschossen und dann verspeist haben. *Neue Revue*

Rabenmutter tötet Giraffenbaby. *SZ*

Jeder 1000. Besucher erhält eine Ganzlackierung im Einbrennverfahren kostenlos. *Balinger Volksfreund*

Beim Sonnenbaden ertrunken. *Frankfurter Rundschau*

Oberbürgermeister Kronawitter bestand den Abgastest auf der Theresienwiese ohne Beanstandung. *SZ*

Erhöhung der Spaghetti-Preise trifft die Italiener im Mark. *Die Welt*

Fische flogen zum englischen Hof. *Kieler Nachrichten*

Vor vier Tagen tot – heute geht's ihm besser! *Bild*

»Ich werde mich vor der Kamera nicht ausziehen«, erklärte sie unverhüllt . . . *BamS*

»Wir fordern Freistellung der Frau für die Dauer von 12 Monaten vor und nach der Niederkunft!« *Klassenkampf*

Geschäftsführer B., Direktor K. mit Frau und Herr D. von der Personalabteilung waren zugegen. Bald brieten die Schweine am Spieß. *Werkzeitung Dr. Thomae GmbH*

Die weiteren Wetteraussichten: keine. *Reichenhaller Tagblatt*

Die Bibliothek eröffnet nach den Ferien mit geänderten Zeiten. Sie ist montags bis freitags geschlossen. *Wuppertaler Generalanzeiger*

Dann haben wir uns auf dem Fußboden geliebt. Ein Jahr lang ging das so. *Bild*

Der alte Mann röchelt . . . Seine pergamentweiße Haut liegt schlaff neben ihm auf der Bettdecke. *Zeitmagazin*

Dann stellte Pfarrer Arnold ein Fragezeichen in jenen Raum, in welchem kurz darauf die Lichter gelöscht wurden. *Landsberger Tagblatt*

Die qualvolle Wohnungsenge veranlaßte die Pfarrgemeinde zum Bau eines Leichenhauses. *Kirchenchronik Pfaffenhofen*

Stadt über Glas-Container zufrieden: Jeder Ludwigsburger eine Flasche. *Ludwigsburger Kreiszeitung*

Im Handschuhkasten wurden 650 DM Bargeld und verschiedene Personen sichergestellt. *Mannheimer Morgen*

Der Ausflugsverkehr wird mit Busen aufrechterhalten. *Norddeutsche Rundschau*

Marktbericht: Gestochene Schweine verkehrten lustlos. *Erdinger Anzeiger*

Sie hat kurz vor ihrem Tod noch gelebt . . *Die Welt*

Jeder Vierte für Prügel. Liberale Denkweise setzt sich durch. *Westfälische Rundschau*

Der Engländer Mr. Clayton spricht Deutsch nur mit Azteken. *Bocholter Volksblatt*

Jeder ausbildungswillige Jugendliche ohne Ausbildungsplatz ist ein Jugendlicher zuviel.
Rheinische Post

Der Tote hatte keine Beine, keine Arme, keinen Kopf. Möglicherweise wurde der Mann umgebracht. *Bild*

Dem schnellen Einsatz des Löschzugs ist zu verdanken, daß größerer Schaden in dem Hochhaus entstand.
Westdeutsche Allgemeine

Auf dem verkürzten Windsurfkurs können auch Damen, Anfänger und andere Produkte teilnehmen.
Allgäuer Zeitung

Nach dem Schlußpfiff glich ganz Amsterdam einem Freudenhaus . . . Die Polizei hatte die Innenstadt für allen Verkehr abgeriegelt . . . *Aachener Nachrichten*

Als Zoodirektor sind ihm viele Erstzüchtungen gelungen. Wie verkraftet der Mann das gesundheitlich? »Ich laufe viel, treibe Gymnastik, vermeide Zigaretten . . .« *Hör zu*

Unzählige Menschen haben ihre höchsten Erlebnisse im Verkehr mit Büchern gefunden. *Die Rheinpfalz*

Auch eine Dirne hat Anspruch darauf, daß man anständig mit ihr verkehrt. *Kölnische Nachrichten*

Peter Kreuder weinte an seinem Grab. *Bild*

Die indische Vegetariergemeinschaft hat jetzt offiziell entschieden, daß das Ei ein Gemüse ist. *UP*

Nackte Pelze auf echter Haut.
Kehrwieder am Sonntag

Hosen und Röcke für Studentinnen in Kairo verboten!
dpa

Der weitaus größte Teil des Klinikpersonals hat, ebenso wie niedergelassene Gynäkologen und Kinderärzte, nie selbst ein Kind gestillt.
Delmenhorster Kreisblatt

Natürlich werden Fragen des Zusammenlebens der Geschlechter auch in den Jugendgruppen besprochen und vor allem praktisch geübt . . .
Norddeutsche Rundschau

Margit Klinger nahm ihr Herz in beide Beine.
Sportinformationsdienst

. . . um ihn herum die CDU-Mädchen im Unionslook, die im Wahlkampf das Letzte gegeben haben!
Saarbrücker Zeitung

Der neue Friedhof ist eine gute Visitenkarte des Ortes.
Vilsbiburger Zeitung

Haie beißen sogar ADAC-Mitglieder.
ADAC-Motorwelt

30 kg frisches Kraut essen am Tag – und Sie haben Ihren täglichen Vitaminbedarf an B 1 gedeckt. *Bunte*

»Wir gaben ihnen die Möglichkeit, herauszukommen und sich zu übergeben«, sagte die Polizei . . .
Schwarzwälder Bote

Kunstharz statt Herzverpflanzung. *Teckbote*

Auf die eigentliche Bedeutung des Wortes Gymnasium, nämlich »Schule der Liebesübungen«, wies der Leiter des Gymnasiums hin. *Ruhr-Nachrichten*

Die toten Altstörche sind erst in vier Jahren so weit, daß sie eigene Junge großziehen können.
Wilhelmshavener Zeitung

. . . wedelt der Hund mit dem Schwanz und der Halter würde gut daran tun, ihm auf die gleiche freundliche Art entgegenzutreten. *Neue Presse*

Notschlachtungen – Kreml setzt jetzt auf private Bauern und Gänse. *Münchner Merkur*

Naturschützer wollen Raubfische wieder zum Lachen bringen. *Volksblatt Berlin*

Am Samstag war das Wetter deutlich besser als am Sonnabend. *Kieler Nachrichten*

Der Chor hat seit 1948 ununterbrochen gesungen.
Nordwestzeitung

Nach heißer Liebesnacht bekam die Ehebrecherin eine Glatze . . . *Praline*

Wie das Unternehmen weiter mitteilt, werden alle Käufer mit einem elektronischen Einspritzsystem ausgerüstet sein. *Saale-Zeitung*

Nicht allein die Beamten beschneiden. *Deister und Weserzeitung*

Beide Täter machten einen verwahrlosten Eindruck, hatten aber keinen Bart. *Mittelbayerische Zeitung*

Neu auftretende Krankheiten pflegt man vor ihrem erstmaligen Auftreten nicht gehabt zu haben. *Neue Juristische Wochenschrift*

»Sie haben Glück – Ihr Fall interessiert mich!«

Ehefrauen, die ihren Mann erschießen, haben nach einer Entscheidung des Bundessozialgerichts keinen Anspruch auf Witwenrente.

Bayerischer Einzelhandel

Doppelte Trauer . . . Erst verstarb ihr Opa, dann verlor Angelika ihren Wellensittich Jocki!

Bielefelder Tageblatt

Der Angeklagte hat die Sexwelle in den falschen Hals bekommen. *Bild*

Er fiel auf, als er zwei Teenager in Florida überfiel, fesselte und enthauptete . . . *Expreß*

Wilhelm Voigt erlebte noch bei seiner Beerdigung militärische Ehren. *tz*

Ein Viertel der Franzosen, besonders in den lauten Großstädten, kriegt vor dem Einschlafen stundenlang kein Auge zu. *dpa*

Dienstag bis Donnerstag ist der Pfarrer nicht da. Wegen evtl. Sterbefalles wird um rechtzeitige Anmeldung gebeten. *Mitteilungsblatt Exbach*

Das Schauspiel um Tod und Verfall im ZDF ist sicherlich ein Leckerbissen . . . *Aachener Nachrichten*

Bei der FDP wurde hervorgehoben, Kohl sei in der CSU mindestens so beleibt wie Strauß.

Süddeutsche Zeitung

». . . in diesem Sinne wünsche ich eine besinnliche Wehrmacht«, sagte er. *Rosenheimer Anzeiger*

Eishockeyspiel wegen Glatteis abgesagt. *Berliner Morgenpost*

Sie hatte ein Komposttütchen auf; ein feiner Duft ging von ihr aus. *Ostpreußenblatt*

Auf jeden Grafschafter Kopf fallen 288 Eier im Jahr. *Grafschafter Nachrichten*

Autofahrer, die einen Unfall verursachen, haben meist selbst Schuld . . . *Die Welt*

Die fast ständige Manndeckung der Basketball-Mädchen machte dem TSV Sonthofen schwer zu schaffen.
Allgäuer Anzeigeblatt

Mozart komponierte in den zwölf Jahren, die er als 13jähriger am Hofe in Salzburg verbrachte, fünf Violinkonzerte. *Reutlinger Generalanzeiger*

Wenn Casanova Gondel fährt und Nonnen auf der Pizza tanzen . . . *petra*

Es gibt praktisch kein Bauwerk in der nächsten Umgebung, das der Sprengmeister Kurt S. nicht gesprengt hat . . . *Neue Osnabrücker Zeitung*

Sie war halbnackt wie so oft in ihren Rollen, aber diesmal war sie auch noch tot. *Bild*

Erschossener griff als erster zur Waffe.
Neue Ruhr Zeitung

Zu einem fröhlichen Abend im Freien steuert oft jeder Gast sein Würstchen bei. *bella*

Das Bonner Innenministerium warnt dringend vor sogenannten Autobumserbanden. *Berliner Morgenpost*

Wer einen Vordruck haben will, muß einen Vordruck ausfüllen. *Berliner Zeitung*

... mußte sich wegen Einbruchs in 41 Fällen verantworten, dem als 16jähriger beide Beine amputiert worden waren. Gegen eine Kaution wurde er auf freien Fuß gesetzt. *Pinneberger Tageblatt*

Die Bundesgartenschau wurde vom Bundespräsidenten mit der Aufforderung eröffnet, tatkräftig an der Umweltverschmutzung mitzuwirken.
Vlothoer Wochenblatt

... daß Kinderlosigkeit erblich sein könnte, ist nicht erwiesen. *Lukullus*

Gemeiner Hund vergiftet Haustiere. *Der Neue Tag*

Die Polizei nahm den Mann fest, dem vorgeworfen wird, in der nächsten Woche mehrere Einbrüche begangen zu haben. *tz*

Fortschrittlicher Krach: Unser Ohr drückt ein Auge zu. *Hamburger Morgenpost*

Und der Lungenkrebs reibt sich die Scheren. *WAZ*

Sie biß dem Lüstling in die Hand und beraubte ihn damit seiner Manneskraft. *Hamburger Morgenpost*

Für den Bauern ist es in Urlaubsgebieten attraktiver, Preußen anstatt Kühe zu halten . . .
Süddeutsche Zeitung

Mörder haben im Kreis Ludwigsburg keine Chance, Zahl der Selbstmorde nahm zu.
Ludwigsburger Kreiszeitung

Lentersheims Lebensqualität wächst. Die Straßen werden breiter und der Friedhof größer.
Fränkische Landeszeitung

Im hohen Alter hat er seine Liebe zum Pferd wieder entdeckt, wovon ein kürzlich geborenes Fohlen Zeugnis ablegt. *Neckar-Zeitung*

Winzerin gab 8819 kg Milch im Jahr.
Delmenhorster Kreisblatt

Maurermeister suchte Freitod – noch nicht gefunden.
Westfalen Blatt

Die Spiele werden von weißen Südafrikanern und weißen Negern betrieben . . . *Sportinformationsdienst*

Das Motorrad raste in eine Kuhherde. Der Fahrer wurde mit schweren Verletzungen in das Krankenhaus eingeliefert. Eine Kuh traf es noch schwerer: Sie mußte notgeschlachtet werden. *Allgäuer Zeitung*

Unnötige Gerüchelawine um Paul Breitner.
Der Kicker

Die Priener Polizei wurde von dem auf dem Dach liegenden Auto verständigt. *Chiemgau-Nachrichten*

Unverletzt blieb die Tochter, die nicht mitgefahren war. *Main-Echo*

Satan spannte dem Papst die Geliebte aus.
Hamburger Morgenpost

Zum erstenmal steht eine Frau weiblichen Geschlechts vor der Verkäuferschar. *Die Rolle*

Ein Polizeisprecher: »Das Geld war zum Ankauf von Geld bestimmt.« *Augsburger Allgemeine*

Nicht jeder Blitzschlag führt zum Tode . . . Entweder ist der Getroffene sofort tot oder mit dem Schrecken davongekommen. *Berliner Ärzteblatt*

Schwangerschaftsabbruch auf dem Rücken der Frau!
Schweizerische Kirchenzeitung

Anwohner notierten Nummern von Liebespaaren. *tz*

CSSR verlangt 25 DM Visagegebühren
Hannoversche Allgemeine

An erster Stelle hatte der Dirigent »God shave the Queen« gesetzt . . . *Bonner Rundschau*

Zersägen einer Frau kommt teuer.
Süddeutsche Zeitung

Dem Kassier wurde für fehlerhafte Kassenführung gedankt und Entlastung erteilt. *Brühler Schloßbote*

. . . können noch in den Gräbern lebende Ehegatten und deren Kinder beigesetzt werden.
Weisenauer Blättchen

Sofortmaßnahmen für die Beseitigung der Arbeitslosen gefordert. *Diepholzener Kreiszeitung*

Streusalz ist wieder in aller Munde.
Süddeutsche Zeitung

Münchens Weltmeister stöhnten unter den Liebesdienerinnen. *Badische Zeitung*

. . . werden Autokäufer mit einem Gebrauchtwagen überfahren, ohne daß sie dies zunächst merken.
Westfälische Rundschau

Als der Hauptmann kam, knallte es aus einem Rohr, aus dem Soldaten nur nach dem Genuß von Erbsensuppe knallen dürfen, und beleidigten damit den Offizier. *Kölner Expreß*

In einer dunkelblauen, knielangen Unterhose nahm der Polizist einen Raubmörder fest . . . *BamS*

Leserbriefe müssen sich unbedingt mit der Meinung der Redaktion decken. *Ruhr-Nachrichten*

Was denkt eine Frau, wenn ihr verstorbener Mann die Frau ihres verstorbenen Sohnes heiratet? *7 Tage*

So kann man dem Problem begegnen, daß die Kinder immer älter werden . . . *Der Insel-Bote*

Er wurde ins Krankenhaus eingeliefert . . ., wo er auf Veranlassung der Staatsanwaltschaft verstarb.
Dürener Nachrichten

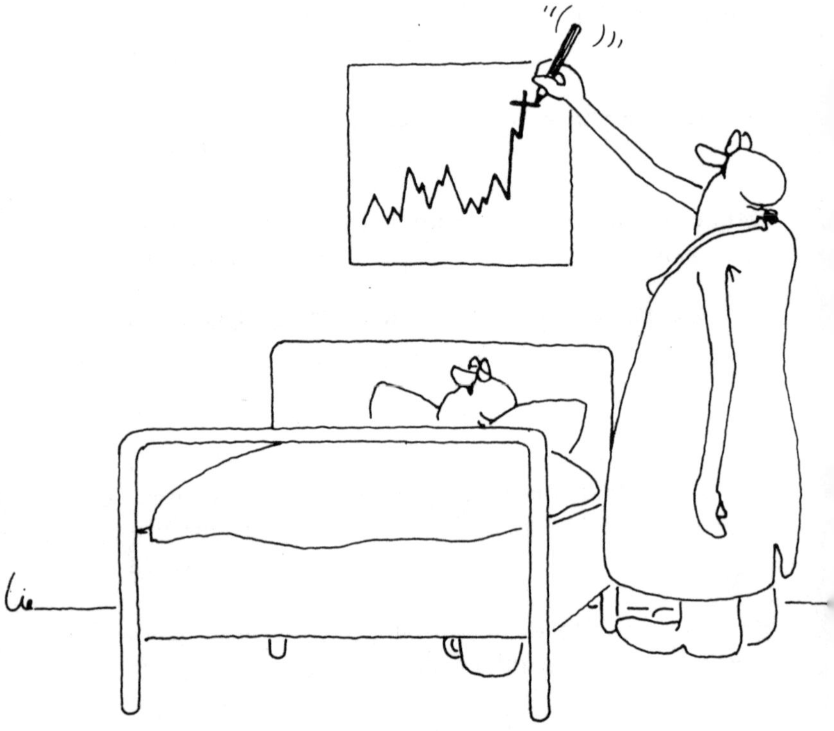

Sie setzt sich tagtäglich für andere ein, wobei sie auch ihren Mann für Liebesdienste mit einschaltet.

Ostfriesen-Zeitung

Einblick in den ewigen kosmetischen Kreislauf.

Kölner Stadtanzeiger

Der erste Sohn kam am 6. Mai 1969 zur Welt, der zweite wurde im Juli 1969 geboren. *Das Neue Blatt*

Während er tot am Kippfenster lehnte und winkte, rief der Pilot um Hilfe . . . *Berliner BZ*

Schatzschneider läuft sich warm. Das freut seinen Bettnachbarn Rolff. *BamS*

Der Freiheitsheld soll sich in der Stadt seiner Hinrichtung heimisch fühlen. *Südtiroler Illustrierte*

Sie ist eine echte Frauenzeitschrift und wird jeden Monat dicker. *Brigitte*

Curd Jürgens läßt sich scheiden, seine Frau auch.

Hamburger Morgenpost

Als der Schiedsrichter wegen Foulspiels vom Platz gestellt wurde, stürmten die Zuschauer auf das Spielfeld.

Bergische Landeszeitung

Im städtischen Krankenhaus landete ein Autofahrer, der sich vermutlich ans Steuer seines Wagens gesetzt hatte . . . *Nordwest-Wesermarch*

Der Autor – selbst Vater von kinderliebenden Tieren – will Eltern in der gleichen Lage dazu verhelfen . . .

Die kluge Hausfrau

41 Schiedsrichter aus 50 Ländern leiten die WM-Spiele. *Hör zu*

Aber ein Neubau wäre nicht nur teurer gewesen, er hätte auch mehr gekostet. *Münchener Wochenblatt*

Trüffeln sind eine Delikatesse für Feinschmecker und Schweine. *Welt am Sonntag*

Der Herr Pastor zeigte Lichtbilder über die Geburt des Herrn. *Informationsblatt Heilig Kreuz, Münster*

Für den Dung will der bayerische Bauernpräsident selber sorgen. *Abendzeitung*

Die Kälte hat die zwei Männer zu eiskalten Verbrechern gemacht. *Bild*

So kann Sadismus . . . auf Berufe wie Chirurg, Krankenschwester, Pfleger und General hindeuten . . .

Petra

Der völlig splitternackte Mann konnte sich nicht ausweisen. *Südhessische Post*

Die im »Leser-Echo« veröffentlichten Zuschriften geben nicht die Meinung der Redaktion, sondern die Meinung der Redaktion wieder. Die Redaktion.

Bild+Funk

Das Empörende am heutigen Sittenverfall ist, daß man ihm nur in Illustrierten begegnet . . .
Blick durch die Wirtschaft

Oberstaatsanwalt Hans Sachs kümmert sich als Beauftragter für Nordbayern im ›Weißen Ring‹, einem gemeinnützigen Verein zur Unterstützung von Gewaltverbrechen. *Maschseekurier*

Knapp 80 Minuten jagte gestern nacht ein Amokfahrer rund 30 Polizisten hinter sich her. *Bild*

Verlorene Zähne sollten nicht aufgegeben werden: Oft wachsen sie wieder an. *Eltern*

. . . zu ihm kamen viele Prominente, wenn ihr Leben erloschen war. *Hör zu*

Seit seinem Tode 1979 sieht sich Torberg genötigt, jedes Jahr ein Buch zu veröffentlichen.
Süddeutsche Zeitung

Auf den Gehwegen pflanzten sich Männer und Frauen fort . . . *Heiligenhavener Post*

Der Tod ist ein bedeutsamer Einschnitt in die Existenz. *Donau-Kurier*

Lärmende Stille empfängt den Besucher
Bergische Landeszeitung

Von allen Rechtsanwältinnen der Bundesrepublik waren 4,1 Prozent Frauen. *Nordsee-Zeitung Oldenburg*

Wir sind beim Waldsterben eben viel zu gleichgültig. Erst wenn wir scharenweise sterben, werden wir aufwachen. *Illustrierte Wochenzeitung*

Fragen an Verstorbene können schriftlich eingereicht werden. *Ulmer Wochenblatt*

Beim Bummeln Slip und BH verloren. *Praline*

10.000 DM Blechschaden gab es, als sich gestern abend auf der Strecke nach Burghausen zwei Personen begegneten. *Passauer Neue Presse*

Es gelang der Polizei, die Bande so geschickt zu verhaften, daß keiner etwas davon merkte.
Frankfurter Abendpost

Für die Ergreifung der rechten Hand Hitlers wurden 100.000 Mark ausgesetzt. *Bild*

Fremdenverkehr fördert Bevölkerungszuwachs!
Dolomiten-Zeitung, Bozen

... er erlebte beide Weltkriege und ist auch heute noch im hohen Alter zu jedem Spaß bereit ...
Westfälisches Volksblatt

Über 40 Nieren aus dem Körper eines Verstorbenen explantiert. *Main-Post*

Außer der Verkäuferin wurden auch Menschen verletzt. *Mannheimer Morgen*

Als der Zug nach einer Notlandung stoppte, stürzte die Frau auf die Gleise. *Bild*

So kann die Bestrahlung mit elektromagnetischen Wellen einer Wellenlänge, die fast genau der des Zweiten Deutschen Fernsehens entspricht, manche Potenzstörungen bessern. *Quick*

. . . blickte Derwall auf die schwersten Stunden eines Trainerlebens zurück: ›Wenn ich nachts so in meinem Bett auf und ab schritt . . .‹ *Berliner Morgenpost*

Nach drei Jahren hat der gemeindeeigene Ziegenbock Rauhbein ausgedient. Jetzt übernimmt der Pastor die Stellung. *Sindelfinger Zeitung*

Er war, wie er sich immer gewünscht hatte, am Ostersonntag gestorben.
Deutsche Allgemeine Sonntagszeitung

Rundherum zufrieden ist auch Anna B. (49), die seit 42 Jahren einen katholischen Pfarrer betreut. *Bild*

Selbst ein Blinder ließ es sich nicht nehmen, beim Anblick der vielen Bierfässer lautstark um ein gefülltes Glas zu bitten. *Corps-Zeitung Hassia Gießen*

Prognosen sind immer dann schwierig, wenn sie sich auf die Zukunft beziehen. *Ems-Zeitung*

Vier von zehn Frauen fielen bei Führerscheinprüfungen durch. Sechs von zehn Männern bestanden.
Berliner Zeitung

Die Weltpolitik muß aus Urlaubsgründen leider entfallen. Wir bitten um Nachsicht. Die Redaktion.
Tiroler Bauernzeitung

Der heißeste Tag war im Januar der 13. Juni.
Westdeutsche Allgemeine

Er war erheblich vorbestraft und außerdem verheiratet. *Bürgerzeitung*

Bei den Frauen liegt Genscher vorn und Wehner ganz hinten. *Die Welt*

Hohe Ehrung: Paul McCartney soll neben der Queen hängen. *Abendpost Frankfurt*

. . . Grüne sind am unzufriedensten, wollen mehr Sex, CSU-Anhänger sind am stärksten auf große Busen aus. *Playboy*

Pamela möchte ein Kind – aber andersrum.
Wochenend

Tankstellenpächter erstochen. Wer hat einen Schuß gehört? *Frankfurter Rundschau*

Wer verschüttet ist, muß nur »111« anrufen, um die Telefonnummer des nächsten Lawinenhundes zu erfahren. *Die Zeit*

Zu einer Gedenkstunde . . . hatte das Kursanatorium »Unheilbares Deutschland« eingeladen. *Südkurier*

SPD und CDU gerieten sich mehrmals unter der Gürtellinie in die Haare. *Bramscher Nachrichten*

Betrunken und spärlich bekleidet überraschte die Polizei fünf Mädchen und drei Jungen. *Praline*

Uwe B. hat seinen Vater zerhackt. Er beteuert: »Das war eine einmalige Tat. Die kommt bestimmt nicht wieder vor.« *Stern*

... hat die Polizei nach Auffinden der Leiche zwei weitere verhaftet. *Generalanzeiger Wuppertal*

Als er den Verlust bemerkte, war der Fotoapparat weg ... *Westfalenblatt*

Der Mann soll eine nackte Frau auf dem Arm tätowiert haben. Die Kripo bittet diese Frau, sich umgehend zu melden. *Wiener Volkszeitung*

Polizei ist sauer: Wieder mußte sie Bullen erschießen. *Bild*

Die »Heißen Höschen« sind vom Westen eingeschleust worden, um die ideologische Festigkeit der Sowjetjugend zu untergraben. *Die Prawda*

Die Teilnehmer äußerten sich positiv zu den fruchtbaren Anstößen, die jeder einzelne für seinen Ehealltag mitnehmen konnte. *Südost-Kurier*

Wie ist es mit dem pädagogischen Eros der Junglehrer bestellt? *Die Welt*

Mit dieser kleinen Lebensversicherung können Sie es sich wirklich nicht leisten, lange tot zu bleiben.
Dagens Nyheter

Es wird nur auf eine ernste Kraft reflektiert, welche, wenn es nötig, auch den Handwagen fährt und der Frau beim Betten- und Kindermachen hilft.
Görlitzer Anzeiger

Sein 19jähriger Sohn soll ihm gebeichtet haben, daß er von seiner 27jährigen Verlobten ein Kind erwarte.
Neues Blatt

Die drei Täter suchten sofort in alle vier Himmelsrichtungen das Weite. *Heidelberger Tageblatt*

Manndeckung behagte Belinda nicht.
Dachauer Nachrichten

Selbst auf dem Friedhof seines Lebens nicht sicher.
Berliner Abend

In Peru sind der Verkauf und der Erwerb verhängnisverhütender Mittel verboten worden. *FAZ*

»A Schand is dös, a Schand«, sekundiert Schwester Hilde. »Gehört alles in die Würscht oder in den Wald, was da nackert kreucht und fleucht . . . Sodom und Gramuri is dös!« *BamS*

Die Kameraden werden auf den nächsten Dienstagabend hingewiesen, der am Montag um 19.30 Uhr beginnt. *Ibbenbürener Volkszeitung*

Messerstich in die Leber beendet Alkoholikerliebe.
Landesdienst Bayern

Die beiden Kräftigeren, zwei Farbige, drangen so maskiert ins Ladeninnere . . . *Schwäbische Neue Presse*

Penny hatte nicht gemerkt, daß Sabine am Nachbartisch mit Argusaugen und gespitzten Ohren in ihrem Teeglas rührte . . . *Böhme-Zeitung Soltau*

Um das Gleichgewicht der Geschlechter aufrecht zu erhalten, scheint neben unseren Viehimporten eine Einfuhr von Frauen aus dem Ausland erforderlich zu sein. *Middle East Observer, Kairo*

Tatsächlich ist der deutsche Schäferhund zuverlässig, mutig, sehr treu und damit dem Manne ähnlich.
autopress

Abend für Mütter und Väter: Wie erreicht man einen Höhepunkt an einem verregneten Ferientag?
Münstersche Zeitung

Die Personen hatten keine Schutzmasken gegen Tränengas und lösten sich sofort auf.
Norddeutsche Rundschau

Die deutschen Männer sind so rund wie Kartoffelklöße und die deutschen Frauen so schwer wie die Schwarzwälder Kirschtorte. *Time*

Blitzidee von Beckenbauer: 7 vorn, 8 hinten! *Bild*

Kampfhähne, Deckhengste und ältere Herren werden munterer, verzehren sie viel Knoblauch . . .
Das Goldene Blatt

Der Jahrgang 1907/08 trifft sich am Montag zur Beerdigung an der Pfarrkirche. *Warsteiner Tageszeitung*

Es galt, den Ammersee zu durchschwimmen. Bis auf einige Kinder erreichten alle 120 Teilnehmer das andere Ufer. *Starnberger Nachrichten*

500 Welpen wurden im Tierheim gezeugt. Schuld daran trägt auch ein Pfleger, der sich daraus einen Sport gemacht hatte. *Wilhelmshavener Zeitung*

Polizei warnt vor dem Genuß toter Fische.
Cellesche Zeitung

Wie schon bekannt, interessieren sich Frauen ausgeprägt für Teilzeitarbeitsverträge und die jüngeren Mitarbeiter. *Information der Metallindustrie*

Sie versprühte ihre Tränen meterweit in den Saal . . .
Quick

Von den 5000 Fahrerinnen waren nur 30 weiblichen Geschlechts. *Welt am Sonntag*

Antonia dehnte sich behaglich und lauschte versonnen dem Knacken ihrer Gelenke. *Chiemgau-Blätter*

Besamungsstation besucht: 77 Bäuerinnen informierten sich. *Traunsteiner Wochenblatt*

Sie saßen hinter dem Ausschußmitglied Siegfried T., der hinten zuhörte und vorne sein Mißfallen zum Ausdruck gab . . . *Neue Westfälische*

Während der Filialleiter die Schweine in die Tasche packte, löste er die Alarmanlage und die automatische Kamera aus. *Dolomiten*

Derzeit stehen hier nur etwa 30 Quadratmeter mit drei Liegen zur Verfügung, auf der sich manchmal neun bis zwölf Ärzte und etliche Krankenschwestern drängen. *Westfalenblatt*

Auf dem Roten Platz blickten alle auf den Abwesenden . . . *Darmstädter Tagblatt*

Selbstmord verkürzt das Leben. *Neue Ruhr Zeitung*

Maier stürzt entschlossen heraus, Glowacs scheißt freistehend übers Tor. *BamS*

. . . wurden trotz Feuer Kühe und Bullen gemolken. *Pforzheimer Zeitung*

Männermangel stellt sowjetische Frauen vor große Probleme – viele Alleinstehende greifen zur Selbsthilfe. *Weser-Kurier*

Nicht einmal zwei Verstorbene konnten die Friedhofs-Einbrecher davon abhalten, alle Räume zu durchsuchen. *Diepholzer Kreisblatt*

Der junge Mann trug eine Hose, die aus Diebstählen in verschiedenen Geschäften stammte.
Ruhr-Nachrichten

Zehn Prozent aller Arbeitslosen sind ohne Beschäftigung. *Wiener Presse*

Geschäftsführer G. überreichte dem Jubilar, der seit Jahren erblindet ist, einen schönen Bildband . . .
Neue Westfälische

Deutsche Mädchen nur Prügelknaben? *Abendzeitung*

Unvergeßlich auch, wie Fischer-Dieskau mit dem Goldglanz seiner Stimme das »Abendbrot« auskostete . . . *Hannoversche Allgemeine*

. . . Gift ausgelegt, um den Bestand an Krähen und Eltern in Grenzen zu halten. *Kölner Stadt-Anzeiger*

Nach sieben Kindern kam das Mutterglück.
Neue Revue

Über eine Woche lang verheimlichte Marcuse seinen eigenen Tod. *tz*

Sie waren zu einer dreitägigen Segelreise um die Welt aufgebrochen . . . *Berliner Zeitung*

Der einzige Sohn der Jubilarin ist im Krieg gefallen. Wir gratulieren! *Straubinger Rundschau*

»Das sieht mir aber verdammt nach einem Abhörskandal aus, Doktor!«

Die weibliche Brust gehört in die Hand des Chirurgen.
Deutsches Ärzteblatt

Leiche machte Wohnungstür nicht auf – da fuhr die Polizei wieder weg.
Bild

Heute nacht wurden die Bürger durch Sirenengeheul aus dem Schlaf gerissen. Sie heulten minutenlang.
Süderländer Tagesblatt

Im Krankenhaus kann man eine Intimstation einrichten. *Hersbrucker Zeitung*

1,6 kg Heroin entdeckten Zollbeamte im doppelten Boden eines 27jährigen Chinesen. *FAZ*

Das Entbindungsheim ist ab 15.7. geschlossen. Geburten sind erst ab 11. August wieder möglich.
Südwestpresse

Polizei sucht Frauen zum Abtasten. *Bild*

Beim Humor gibt es noch Versorgungslücken.
(Ost-) Berliner Zeitung

Der Prinz hat es mit Ehefrauen nicht mehr versucht und beschäftigt sich vorwiegend mit seinen 20 000 Legehennen. *Bild*

Mehrere wachten bewußtlos im Krankenhaus auf.
FAZ

Eine möglichst persönliche Anmeldung des Hundes bei der Gemeinde ist notwendig.
Gemeindeanzeiger Puchheim

Die Gewerkschaft . . . in Mailand hat beschlossen, aus Protest gegen die Streiks am 6. Februar zu streiken. *ADN*

Auch die Fürstin von Bismarck hat Butler Harry in allerbester Erinnerung: »Eine wundervolle Hausfrau. Sie kümmert sich um nichts.« *Bild*

Ein Liter ist mehr oder weniger dasselbe wie ein Meter – nur nasser. *Daily Mirror*

Von besonderer Kleidung war nichts zu sehen. Die Herren trugen lediglich eine Krawatte.
Neue Braunschweiger

. . . waren mit Pudelmützen getarnt, die nur Schlitze für die Augen hatten. Dies führte kurz darauf zur Festnahme von zwei schlitzäugigen Ostasiaten. *Die Welt*

Den Besprechungstermin konnte die Ermordete wegen ihres Zustandes gar nicht mehr wahrnehmen . . .
Hessische Niedersächsische Allgemeine

In einer Schauvitrine wurde die Entwicklung vom Menschen zum Tier in anschaulicher Form dargestellt.
Hanauer Anzeiger

Kalb trat Frau in der Badewanne.
Braunschweiger Zeitung

Mehrheit für schönes Wetter. *AP*

Zu Hause vertieft er sich nicht in Henriette, sondern in seine Arbeit. *Neue Revue*

Besser ein Kind zu haben als Rauschgift zu nehmen.
Die Welt

Die Prinzessin bringt ihm das gleiche Interesse entgegen wie ihren Springpferden . . . *Neue Ruhr-Zeitung*

Die schwarzhaarige Blondine war sparsam bekleidet. *Funk-Uhr*

Der Busen hängt ihr zum Halse heraus. *Funk-Uhr*

Die Achtzehnjährige hat ihre Einstellungsuntersuchung mit gut bestanden. Bei der amtstierärztlichen Untersuchung sei ihr bescheinigt worden, »körperlich und geistig gesund« zu sein. *Westfälische Nachrichten*

... einige Tage vor Weihnachten wird auch ein Christkind gekauft bzw. selbst geschlagen. *Nordfriesland Palette*

Das Rindvieh wird begleitet von vier chinesischen Tierärzten und einer Dolmetscherin. *Augsburger Allgemeine*

Während er durch den Wald hetzt, um der Polizei von seinem gefährlichen Fund zu berichten, krault er zärtlich das Fell seiner Hündin. *Neue Blatt*

In seiner Tasche fanden die Beamten einen Autoschlüssel und nach kurzem Suchen auch den dazu passenden Wagen. *Heimatecho*

Bei der Todesstrafe ist die Rückfallquote gleich Null. *Praline*

Kein Schiedsrichter muß es sich bieten lassen, »Schwarze Sau« genannt zu werden. Hier ist Rot allemal richtig. *Fußball*

Ein Kölner stand schon um 5 Uhr morgens an der Kasse Schlange . . . *Kölner Stadtanzeiger*

Sieben neue Autobahnkilometer sollen 1984 dem Verkehr übergeben werden. Das sind vierzehn km mehr als ursprünglich geplant. *mid München*

In Österreich strahlt meistens die Sonne. Dadurch wird es immer wärmer. *Bild*

Gleichzeitig wandte sich der Minister gegen die »Züchtigung« von grünen Witwen. *Südost Presse*

Die Direktorin war nicht zu sehen, sondern schickte zum Empfang nur ihre unteren Organe zum Bahnhof. *WamS*

45 leuchtende Augenpaare rutschen unruhig auf den Bussitzen herum. *Westfälische Rundschau*

Trotz Zahnlücken drei Kinder. *Stuttgarter Nachrichten*

Das Wetter: Vereinzelt Gewitterböen, sonst vorherrschend schwachsinnig . . . *Kitzinger Zeitung*

1987 wird die Sonne unser Sonnensystem verlassen und . . . in die Milchstraße weiterrasen. *Saarbrücker Zeitung*

Wer ein Motorrad fahren will, braucht vorerst noch keinen Führerschein, solange er auf Binnengewässern bleibt. *Kölner Stadtanzeiger*

Unsere Rasierwasser sind stärker als die Klingen.
Eulenspiegel, DDR

Stadtstreicher sind Landstreicher in der Stadt.
Bonner Anzeigenblatt

Der Trainer: »Unsere Mädels hatten in der ersten Hälfte ihren Torhüter gestillt.«
Heinsberger Volkszeitung

Traumurlaub: Wo der Po im Meer versinkt.
Metropolitan

Sie kraulten den Po hinunter. *BamS*

Nachtfrost teilweise sogar unter null Grad.
Berliner Zeitung

Neben Polizeibeamten kamen auch anonyme Alkoholiker zu Wort. *Westdeutsche Allgemeine Zeitung*

Einbrüche in Kläranlagen weiterhin ungeklärt.
Fränkischer Tag

Für ihr Interesse hatte die Stadträtin eine einleuchtende Erklärung: »Sie wissen ja, daß mir der Klärschlamm sehr am Herzen liegt.« *Badisches Tageblatt*

Sie hatte ihren Höhepunkt in der Arie »Süßer Trost, mein Jesus kommt.« *Badische Neueste Nachrichten*

Sepp Ferstl Erster hinter Klammer.
Westdeutsche Allgemeine

Als Berufstätigkeit gelten auch die Tätigkeit als Hausfrau oder nachweisliche Arbeitslosigkeit.
Münchner Rathausumschau

. . . alle Feuerwehrmänner wurden aufgefordert, sich zwei Stunden vor Ausbruch eines Brandes jeglichen Alkoholgenüssen zu enthalten. *Aachener Volkszeitung*

Gibt es denn nicht einen einzigen deutschen Künstler, tot oder lebendig, den wir im Kanzler-Bungalow aufhängen können? *Bonner Generalanzeiger*

Zwar hat sich der Bundeskanzler nicht für das Pfingsttreffen angesagt, doch nimmt die Polizei die Drohung durchaus ernst. *Allgäuer Zeitung*

Zum Jahreswechsel will die US-Navy Umstandsuniformen für schwangere Seeleute und Marineoffiziere einführen. *Handelsblatt*

146 Spezialisten sind nach Guadeloupe gefahren, um den Rettungsmannschaften beim Ausbruch des Vulkans zu helfen . . . *Berliner Zeitung*

Bei Aquaplaning passiert folgendes: Alle vier Reifen verlassen die Straße . . . *Bild*

Die Kritik richtet sich auch gegen die Beutelschneiderei auf den Toiletten der Autobahngaststätte.
Frankfurter Rundschau

Morgen geht der Vollmond am frühen Abend total verfinstert auf . . . *Ostschweizer Tagblatt*

Er kürzte seine Predigt stark ab . . . und segnete Roß und Tier. *Miesbacher Anzeiger*

1000 DM Belohnung demjenigen, der den Namen nennt, welcher das Schwein in die Strafanstalt Tegel schmuggelte. *BZ*

Eine Million Tips zum Verkehr per Telefon. *Frankfurter Rundschau*

Bewußtlos! Trotzdem kämpfte er weiter . . . *Bild*

Seit Oktober befriedigt er die Bedürfnisse der weiblichen Seherschar – vom Bildschirm aus. Es macht ihm auch so Spaß. *Kurier*

»War wohl wieder dein Lieblingsansager.«

Er war immer dabei, wo es gemütlich war. Niemand hat soviele Beerdigungen mitgemacht . . .
Rheinische Post

1880 mußte eine Dame lange stillsitzen, bis sie auf der Platte scharf war . . . *Die Kamera*

. . . bittet die Polizei den Taubstummen, sich unter der Telefon-Nummer 2147965 zu melden. *tz*

Durch die Einnahme von Schlaftabletten und Beruhigungsmitteln sind in der Bundesrepublik Frauen schwanger geworden. *Düsseldorfer Nachrichten*

Russen und Schwaben werden durch einen staatlich anerkannten Schädlingsbekämpfer billig und gründlich vernichtet. *Schwandorfer Rundschau*

Besondere Vorsicht sei jedoch bei Wild geboten, das tot aufgefunden wird und sich unnatürlich verhält.
Badische Zeitung

Er ließ sich als Chef des Gymnasiums entbinden und trat zurück ins Glied der Lehrer. *Saar-Anzeiger*

Jeder zweite stirbt in einem Krankenhaus. Mit diesem statistischen Hinweis auf den Leistungsstandard eröffnete Prof. Müller die Messe . . . *Jülicher Nachrichten*

Schwimmeister trank Badewasser – tot! *Bild*

Der Schlachthof ist für den Bürger da.
Stolberger Nachrichten

Es war ein respektvoller Schauer, der ihr über den tiefausgeschnittenen Rücken lief. *Frau im Spiegel*

Köppler hat sich als Zuchtpferd Prof. Biedenkopf geholt. *Hamburger Abendblatt*

Der Hausarzt versuchte täglich seiner Patientin Wasser abzusaugen. Als das nichts nützte, kam die Feuerwehr . . . *Bild*

Das Bundesverfassungsgericht hat festgestellt, daß es sehr wohl einen Unterschied der Geschlechter gibt. *Quick*

Französische Dessous werden bei einem Empfang durch den OB vorgeführt. *Rheinische Post*

Münchens alte Leute leben einsam. Viele liegen wochenlang tot in ihren Wohnungen. *Abendzeitung*

Durch den Sicherheitsgurt wird jeder zweite Tote überleben. *tz*

Trujillos rechte Hand zum drittenmal wiedergewählt. *Die Welt*

Die Polizei holt jährlich an die 20 Tote aus Flüssen, die sich gewollt oder ungewollt das Leben nehmen. *Münchner Merkur*

»Ich legte der Toilettenfrau ein Geldstück hin und warf sie beim Hinausgehen in einen Papierkorb.« *Meine Ehe*

Das waren noch Zeiten, als die Luft sauber und der Sex schmutzig war. *Jerusalem Post*

Die Mehrzahl der Geschiedenen sind Frauen.
Oberhessische Presse

Die Bundeswehr hat dem zarten Geschlecht die Tore des bisher männlich ausgerichteten Offiziersstandes aufgestoßen. Frau Stabsarzt soll dem Sanitätsdienst den ersehnten Nachwuchs bringen ...
Braunschweiger Zeitung

Unter Füße sind die unteren Teile der Beine zu verstehen. *Tennis-Magazin*

... damals waren die meisten Menschen noch Analpropheten. *Lünepost*

Die Beschreibung der Täter ist ziemlich exakt. Der eine Mann soll groß, der andere kleiner gewesen sein. *Der Reporter*

Fahrer und der frisch geschlachtete Hammel überlebten den Aufprall unbeschädigt. *Bonner Rundschau*

Außerdem wurden verendete Fische gefunden, die getötet wurden. *Hannoversche Allgemeine*

Der italienische Rundfunk rät allen, den Hai weitläufig zu umschwimmen. *Hamburger Abendblatt*

Auf der spiegelglatten Brücke kollidierten zwei PKW aus unbekannter Ursache. *Brandenburger Zeitung*

Jungfrau bekam Baby – Ehe zerbrach! *Bild*

Arzt setzte Komma falsch: Patientin tot. *Münchner Merkur*

Drei Seeleute fanden den Tod, der nun von einem Dutzend Witwen betrauert wird. *Wiesbadener Kurier*

Seine Zähne zuckten . . . *Neue Welt*

Früher starben 50 Prozent der Patienten mit AV-Block . . ., heute überleben 50 Prozent dieser Patienten. *Ärztezeitung*

Nachdem unsere Gewässer nur noch vereinzelt natürliche Fortpflanzung unserer Fischer ermöglichen . . . *Obermain-Tagblatt*

Sein Vorgänger war im Dezember vorigen Jahres gestorben und hatte sich deshalb nicht mehr genug um seinen Betrieb kümmern können.

Braunschweiger Zeitung

Silvester war ein Papst und wurde heiliggesprochen, weil er die Raketen erfand. *Eltern*

Der Mutterschaftsurlaub wird mit dem Tod der Mutter sofort beendet. *Zeitung für Arbeitnehmer*

Er hinterließ seine Frau, zwei Töchter und eine große Lücke. *Offenbach-Post*

. . . ließ das Auto in Westberlin, um zu Fuß nach Ostberlin zu fahren. *Pforzheimer Kurier*

Zweimal Selbstmord – doch er lebt! *tz*

Er hat sich ein Bein ausgerissen, um ihre Aufmerksamkeit zu erregen. *Bild*

Unsere Toten können wir diesmal wegen Verlustes einer Postsendung nicht bringen. Wir werden das in der nächsten Ausgabe nachholen. *Voraus*

Das Fernsehen springt schon im Viereck auf den bloßen Verdacht hin, die Parteien könnten einen fahren lassen. *Gong*

Bei der Karnevalsitzung gibt es um 16 Uhr Kaffee und Kuchen, ab 17 Uhr Stimmung.

Westdeutsche Allgemeine Zeitung

Es gelang ihm, eine Notrufsäule zu alarmieren.
Rhein-Neckar-Zeitung

Roberto Blanco ist der Onkel seines Bruders.
Hamburger Morgenpost

Er faßte seine Empfindungen genau in drei Worte: »Es ist eine Schande!« *Der Tagesspiegel*

Als sich Goethe und Schiller wieder trafen, waren sie sehr gerührt, und sie schlugen sich mit nassen Augen auf die Schultern. *Zevener Zeitung*

Es wurden mehrere Schädel eines riesigen Sauriers gefunden ... *Stuttgarter Zeitung*

Heute, 17 Uhr, Grillen der Mädchenjungschar!
Offenburger Tageblatt

Nach der vorübergehenden Entmannung der berufsmäßigen Stadträte durch die CSU-Mehrheit ... *SZ*

Das Mitbringen von Hunden ist verboten. Hunde des Aufsichtspersonals sind keine Hunde im Sinne dieser Bekanntmachung. *Neue Osnabrücker Zeitung*

Die Schadenschätzungen schwankten zwischen 500 000 DM und einer halben Million.
Aachener Nachrichten

Heiner Brand als Deckungsstütze vermochte die Löcher seiner Mannschaftskameraden nicht zu stopfen ... *Wiesbadener Kurier*

Seitensprung bewahrt Fußgängerin vor Unheil.
Oberbayerischer Gebirgsbote

Es sah aus wie nach einer Party. Die Kripo entdeckte Blutspuren an den Wänden und am Telefon. *tz*

Jede Frau möchte einen Liebhaber und bekommt dafür einen Ehemann. *Jasmin*

. . . derweil bohrte der Prinz in der Nase. Fast zwei Stunden lang dauerte diese Zeremonie. *Abendzeitung*

Vor der Neuwahl ließ er seine Frauen und Freunde wissen, daß er amtsmüde sei . . .
Schwarzwälder Bote

. . . von Marktforschern, die ihr offenes Ohr an die Brust der Hausfrau legen, um ihre Wünsche frühzeitig zu erfahren, damit rechtzeitig mit der Produktion begonnen werden kann. *Deutsche Zeitung*

. . . Film über Graf Dracula: Ein junger Fotograf macht eine Horror-Bildgeschichte auf dem Schoß seiner Mutter. *Die Woche*

Da sich dreißig Prozent der Bundesbürger selten oder nie die Zähne putzen, befürchtet das NRW-Gesundheitsministerium für die Hygiene im Intimbereich das Schlimmste. *dpa*

Wenn in Sportstätten der Klau umgeht . . . Kripo: Nur mitnehmen, was man braucht.
Allgemeiner Anzeiger Halver

Lehrlinge entwickelten Dünger so recht nach dem Geschmack unserer Bauern. *Junge Welt, DDR*

Die Polizisten regelten vorbildlich den Verkehrsstrom. Es ist ja nicht leicht, einen anzuhalten und zugleich einen sausen zu lassen. *Tribüne, Ostberlin*

Gegenüber der Polizei verweigerte das Pferd jegliche Angaben zum Unfall . . . *Wiesbadener Kurier*

»Ich stand 29 Tage vor der geschlossenen Bahnschranke«, sagte er . . . *Bild*

Puppen und sperrige Kinder gehören nicht ins Reisegepäck. *Schöne Welt*

Sie ist eine 36jährige Landwirtin mit 15 Tagewerk Nutzfläche. *Vilsbiburger Nachrichten*

Papierkrieg am Po! *Weltwoche*

Kalte Getränke nur aus geschlossenen Flaschen trinken. *Bild*

Nur an den Geschlechtsorganen kann man bei Babys erkennen, ob sie männlich oder weiblich sind . . . *Eltern*

Ruhige Weiberfastnacht – man trieb es toll, aber selten zu weit! *dpa*

Erst gingen sie ins Bett, dann lernten sie sich kennen . . . *Bild*

Gedanken muß sich die Partei darüber machen, in welcher Form die älteren Menschen zur Urne gebracht werden können. *Der Sozialdemokrat*

Beamte vermehren sich in der Regel nur zu Hause durch sich selbst; ansonsten sind Politiker dafür verantwortlich. *Nordsee-Zeitung*

Die Bundesbürger essen mehr Haie als umgekehrt . . . *dpa*

Er schnitt fröhlich Grimassen, als hätte er nicht zwei Tage zuvor einen Selbstmord unternommen. *Düsseldorf Express*

Sein Gesicht wurde hörbar länger.
Augsburger Allgemeine

... die Fahrerin starb, das Auto erlitt Prellungen!
Bild

Von den 1142 Pfarrerinnen im Erzbistum Freiburg sind derzeit 125 nicht mehr mit einem Geistlichen besetzt. *Odenwälder Zeitung*

Frauen leben im Durchschnitt länger – das gilt vor allem für Witwen. *Handelsblatt*

Leserbriefe ohne Absender werden nicht beantwortet ... *Bild und Funk*

... Hirnverletzte arbeiten selbst in hohen Regierungsrängen ... *Süddeutsche Zeitung*

Von zehn Menschen, die Selbstmord begehen, stirbt nur einer. *Die Zeit*

Das Frankfurter Waldstadion verwandelte sich in ein Freudenhaus ... Männer liebkosten einander und warfen sich strampelnd zu Boden ... *Main-Echo*

... deshalb hilft es im Wagen oft schon, wenn man Schuhe und Strümpfe auszieht. Gerüche im Wageninnern fördern die Übelkeit. *ADAC-Motorwelt*

»Der neue Friedhof ist bereits halbvoll, und wir haben immer noch keine Planung«, sagte er.
Erdinger Anzeiger

Mit 717 »treuesten Freunden des Menschen« gibt es in Honnef fast so viele Hunde wie Ausländer.

Honnefer Volkszeitung

... und der Verstorbene hatte ein Herz für die Kartoffel; er stand allzeit ihren Problemen und Anliegen aufgeschlossen gegenüber ... *Kartoffel-Wirtschaft*

Volltrunkener Elektriker beging Kurzschlußhandlung. *Hör zu*

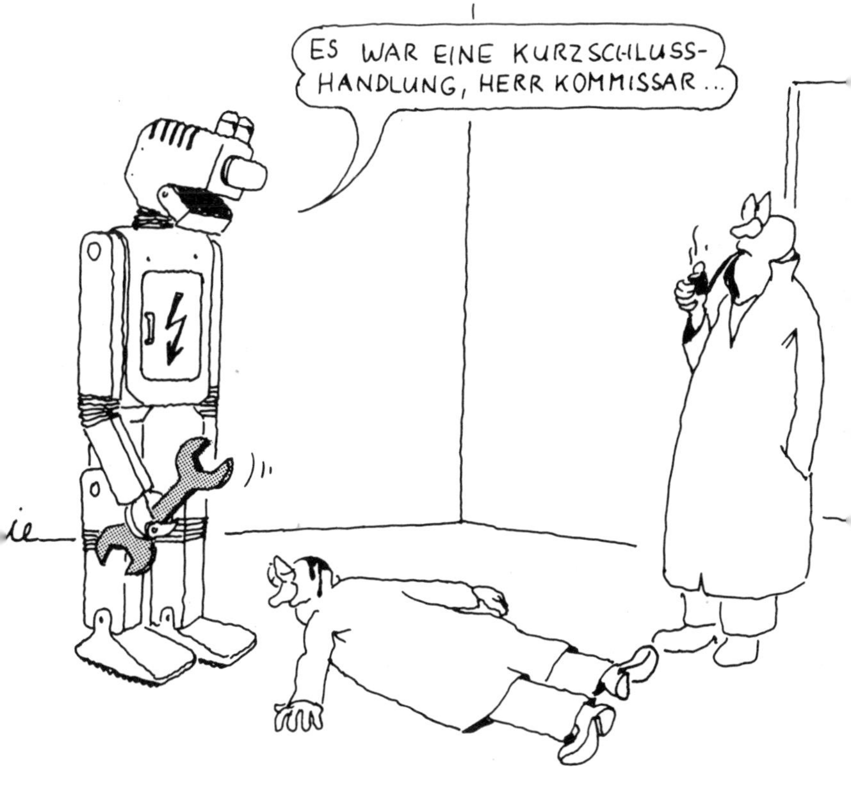

. . . den Baum hat schon Goethe im »Westfälischen Diwan« erwähnt. *Rheinhessische Landeszeitung*

Der grünlichgräuliche Billiganzug, die blecherne Armbanduhr, die schlichten, feinsäuberlich geputzten Schuhe, und die auf das karierte Hemd gebundene Fliege lassen einen anständigen Menschen vermuten. *Welt*

Kurt Jara, der in München vor den Zuschauern seine Hose runterließ, zeigt wieder, was er hat – einen Mordshammer . . . *Bild am Sonntag*

Sie hatten wegen dem Schlittenführer Khomeini demonstriert . . . *Offenbacher Post*

Neue Fitneßwelle aus den USA: Wer sich aufhängt, hat mehr vom Leben. *Offenbacher Post*

Alle Toten und Verletzten setzten ihre Arbeit fort . . . *Südost-Tagespost*

Die Bundesrepublik ist das einzige europäische Land, in dem genauso viele Möhren gegessen werden wie anderswo. *Neuwieder Rundschau*

Dann drohte der Amokläufer, seine Kinder zu töten. Doch die Polizei kam ihm zuvor! *tz*

Fensterputzer putzte fünfhundert Frauen mit. *Bild*

Ein Minister allein wird des Geburtenrückgangs nicht Herr. *Abendzeitung*

Tiere singen für den Frieden. *Mannheimer Morgen*

Bei Ausbruch eines Brandes im Caravan rät der Club, auf schnellstem Weg den Caravan zu verlassen . . . *DCC-Nachrichten*

Schwanger, weil eine Tür knallt. *Brigitte*

Er gestand, die 35jährige Hausfrau getötet zu haben. Das Opfer ist bereits außer Lebensgefahr. *Neue Warte*

Abends, wenn er allein vor seinem Bungalow im Kamin sitzt . . . *Lübecker Nachrichten*

Alle Klassenkameraden haben es zu etwas gebracht. Inge und Bärbel sind die einzigen, die Lehrerinnen wurden. *Lüneburger Landeszeitung*

Sie waren mit zwei bis vier Jahren Zuchthaus bestraft worden, einige mit Ehefrauen. *Westfälische Nachrichten*

Wenn Sie ein Jahr nicht miteinander schlafen, ist schon viel faul. *Abendzeitung*

. . . ein Haufen Schwarzer, die . . . ihrem Beruf als Neger nachgehen.« *Szene, Hamburg*

Schwein fuhr mit dem Taxi – hungriger Mann zeigte die Sauerei an. *tz*

Heintje reizt die Triebe älterer Frauen. *Abendzeitung*

Pezzey hielt hinten dicht und machte vorne alles klar.
Bild

Immer noch gilt das Gebot für Frauen, Kirchen nicht ohne Kopfbedeckung zu betreten. Lange Hosen sind auch nicht erwünscht. Ein Taschentuch genügt ...
Touropa-Berater

Es existieren zwei verschiedene Briefmarken-Automaten: leere und kaputte. *Eulenspiegel, DDR*

... denn in seinem Hotelzimmer wurden zwanzigtausend Frauen gefunden. *Neue Zürcher Zeitung*

Am Montag ist Mütterberatung und Impfung der Säugetiere. *Ruhr-Nachrichten*

Heidi F.: »Bei einem Betriebsunfall atmete ich Gift ein. Beim Arzt erfuhr ich, daß ich ein Baby erwarte.«
Praline

Busen vergrößert: Gefahr im Flugzeug. In großen Höhen droht Explosion! *Abendpost*

Dann traf die Liebe zu Robert Schumann auf Clara. Aus diesem Zusammenstoß gingen acht Kinder hervor sowie die fortschreitende Geisteskrankheit Roberts. *tz*

... ist die Standortfrage für das künftige Altenheim noch nicht entschieden, das der OB am liebsten in der Nähe des Mutterhauses Frankenstein sähe, der Gemeinderat jedoch am Friedhof ...
Stuttgarter Zeitung

»Wir sollten nun wirklich mal
die Platzfrage durchdiskutieren ...«

»Den Erfolg dieses Verhütungsmittels können Sie daran erkennen, daß wir Ihre Zeitschrift regelmäßig lesen ...« *Eltern*

Aus Ärger über den Weihnachtsmißbrauch würde sich Jesus im Grabe umdrehen, wenn er nicht auferstanden wäre. *Illinger Ortsnachrichten*

Wer seine Wirbelsäule liebt, darf im Bett nicht sündigen. *Kieler Nachrichten*

Granate als Nachttischlampe – Beerdigung Samstag. *Bild*

Das Götz-Zitat ist wohl das populärste von allen. Es ist bekannt, soweit die deutsche Zunge reicht.
Kölner Stadtanzeiger

Hund beleidigt – Frau biß Kind.
Braunschweiger Zeitung

. . . er gab an, in Prinzessin Anne verliebt zu sein; man hielt ihn für geistesgestört. *FAZ*

Man hatte den Kaiser bestattet mit einer Menge an Schätzen, Waffen, Frauen und anderen Gebrauchsgegenständen . . .
Börsenblatt für den Deutschen Buchhandel

». . . er hat mich gewürgt und zwischen die Beine gefaßt«, sagte sie. Heute sind die Gutachter dran.
Neues Tagblatt

Millionen deutscher Frauen hatten statt des Mannes nur noch seinen Zweireiher im Kleiderschrank hängen . . . *Welt am Sonntag*

Die Teilnehmer bleiben bis zum Schluß des Seminars anonym. Sie kennen sich lediglich beim Namen.
Bilanz

Der Dreizentnermann stürzte vom Gerüst, weil er das Übergewicht verloren hatte. *Frankfurter Rundschau*

Anfangs noch freundlich, dann zunehmend unanständig. *Der Neue Tag*

Das Tote Meer stirbt. *Frankfurter Rundschau*

Ahnenforscher Paul Riggs will herausgefunden haben, daß zwei Brüder der Mutter Reagans Kannibalen waren . . . *Daily Mirror*

Der Sozialmediziner hob die Leistung der Chirurgen hervor, die seltener operiert und damit die Sterblichkeitsquote gesenkt hätten. *Hannoversche Allgemeine*

Er setzte sich nackt auf die Schienen und brachte ohne sichtbare Erregung einen Zug zur Notbremsung.
TV Hören und Sehen

Ordensfrauen sehen deshalb so jung aus, weil sie viel arbeiten, viel beten und alles andere dem lieben Gott überlassen . . .
Kirchenzeitung für das Erzbistum Köln

Jean Bouquin macht auch in Hosen, vornehmlich aus Samt und Seite. *Stern*

Er wurde Anzeigenwerber und folgerichtig ein gemeiner Straßenräuber. *Neue Westfälische*

Statt auf die Sau sprang ein Zuchteber seinen Besitzer an . . . *dpa*

. . . bietet Erholung für die bayerische und deutsche Bevölkerung. *Coburger Tagblatt*

Auch die Ermordung eines Gefängnisbeamten im Dienst, vom Berufsverband der Gefängniswärter lautstark gefordert, wurde mit 348 zu 252 Stimmen klar abgelehnt. *Hamburger Abendblatt*

Diejenigen sind am besten dran, die ungefähr soviel wiegen, wie es ihrem Körpergewicht entspricht.
Frankfurter Neue Presse

»Christus braucht Menschen, mit denen man Pferde stehlen kann«, betonte der Bischof . . .
St. Wendeler Stadtanzeiger

Sozialismus will Unterschied zwischen Mann und Frau abbauen.
ASD

. . . wurde die Nützlichkeit des ärztlichen Gesprächs diskutiert, das aus heute nicht ganz erklärbaren Gründen in sechzig Prozent zu einer Schwangerschaft führen kann.
Deutsches Ärzteblatt

Mehr Spaß am Sterben – günstige Neu-Regelung bei der Erbschaftssteuer. *Wirtschaft in Ostwürttemberg*

Welcher Pferdezüchter rätselt wohl nicht um die Trächtigkeit seiner Studenten? *Pfälzer Bauer*

Am wenigsten mit Kriminalität belastet ist Bayern mit 4700 Straftaten pro Einwohner.
Braunschweiger Zeitung

In diesen Wochen sammeln sich auf Freileitungen die Schwaben zum Flug in den Süden.
Schwäbische Zeitung

Der 1979 ermordete Sozialdemokrat wurde jetzt beauftragt, eine Unterrichtung . . *Stern*

Beiträge, die mit dem Namen des Verfassers gekennzeichnet sind, stellen nicht unbedingt die Meinung der Redaktion oder des Verfassers dar.
Wirtschaft und Standort

Im örtlichen Standesamt werden ja nur die Entbindungen beurkundet, die auch wirklich im Eutiner Stadtarchiv erfolgten. *Neuer Marktspiegel*

Eine Beerdigung kostet in den USA 2100 Dollar. Dazu kommen noch die Beisetzungskosten.
Münchner Merkur

Der Anklage zufolge wurde der Mediziner in der Wohnung von zwei Frauen festgenommen, die zu diesem Zeitpunkt nicht zu Hause waren. *SZ*

Kleeblatt forderte: »Betriebswirtschaft statt Sex in den Volksschulen«. *Holzkirchner Merkur*

Münchens neuer Erzbischof will für Priesternachwuchs sorgen. *dpa*

Die Abendmesse am Sonntag um 19.30 Uhr fällt aus! Wir laden ganz herzlich dazu ein. *Kirche und Leben*

Selbst Badegäste, die Keime ins Wasser tragen, würden sofort abgetötet. *Rheinische Post*

Anschließend bedeckte sich die Leiche mit Laub und flüchtete. Sie wurde zwei Wochen später bei Frankfurt festgenommen. *Saarbrücker Zeitung*

Nichtraucher betreiben Tabaksteuer-Hinterziehung. *Partner im Handel*

Miss Ellie schluchzte – da gingen in Puchheim die Lichter aus. *Bild*

Vor seinen Augen nahm sie ihren BH ab und fragte: »Gefalle ich Dir?« Andy faßte die Gelegenheit beim Schopf. *tz*

Als sie noch nicht verheiratet war und ihr in dem Zimmer ihrer Pension die Decke auf den Kopf fiel, wußte sie immer einen Ausweg. Jetzt fiel ihr eine Villa auf den Kopf. *Frau mit Herz*

Mehr als die Hälfte der Studentinnen an der Uni sind Frauen . . . *Main-Spitze*

Ein Flugverbot über Gärten und Felder hat die Stadt Wiesbaden gegen Tauben verhängt . . .

Frankfurter Rundschau

In Bonn kämpfen die Grünen gegen Umweltverschmutzung, in den Bädern tragen sie wesentlich hierzu bei. *Bonner Generalanzeiger*

Er ist »Champignon des Jahres«.

Erdinger Neueste Nachrichten

. . . dabei ist ein Rolls Royce im Werte von etwa 50 DM zerstört worden. *Holsteinischer Kurier*

Ein Reiseunternehmen muß Schadenersatz leisten, wenn der Kapitän einer Charterfluggesellschaft einen Fluggast unterwegs unberechtigt von Bord weist.

Süddeutsche Zeitung

Sue Ellen ist 27 und hat einen 18jährigen Sohn. *Bild*

Für den Reparaturaufwand der sechzig aktiven Musiker mußten allein viertausend Mark aufgebracht werden . . . *Schwarzwälder Bote*

. . . der Prinz lächelte einen Monat in die Blitzlichter . . . *Kieler Nachrichten*

Sechs Schweine aus China. Landwirtschaftliche Delegation kehrt aus Peking zurück. *Stuttgarter Zeitung*

Die besten Ehen bestehen aus zwei Personen: Mann und Frau. *Badische Neueste Nachrichten*

Für viele Bewohner der Insel ist das Begräbnis das wichtigste Ereignis in ihrem Leben . . .

Darmstädter Echo

Die Polizei griff ihn schließlich, als er, täuschend verkleidet und mit der Identität eines Ostfriesen getarnt, seine Freundin . . abholen wollte. *Der Spiegel*

»Jämmerlich seht ihr Männer aus an den Nacktstränden. All die Dinger paniert im Sand.«

Isar-Loisachbote

Aus Solidarität mit den dürstenden Kindern der 3. Welt läßt das berühmte Manneken Pis seinen Strahl am 21. Juni für einen Tag versiegen . . . *Expreß*

Da tummelten sich die Nackten, manche warfen auch die letzten Hüllen ab. *ap*

Wie zu erwarten war, nahm der Gestank der Kläranlage breiten Raum in der Versammlung ein.

Fürth aktuell

Ein unbekannter Täter brach in der Nacht in ein Gartenhaus ein. Im Haus trank er eine Flasche Bier, vermutlich hat er auch darin übernachtet. *Südkurier*

Die Bundeswehr hat die Freizeit der Deutschen zu verteidigen. *Holsteinischer Kurier*

Außer für das Auge der fußballbegeisterten Zuschauer boten unsere Kicker auch vieles, was in Übereinstimmung mit den Zielen der Grünen steht. Die Schonung des Rasens vor dem gegnerischen Strafraum, der schonende Umgang mit dem tierischen Produkt Leder sind beispielhaft auf dem Gebiet des Umweltschutzes. Auch das Prinzip der Nichteinmischung in der gegnerischen Hälfte ist ein überzeugender Beitrag zum Weltfrieden. *Berliner »Tageszeitung«*

»Straßensammlung für das Deutsche Müttergenesungswerk. Ich bitte zu bedenken, daß Tierschutz sehr wichtig, ja ganz wichtig ist, aber auch Müttererholung.« *Amtsblatt der Gemeinde Sonnenbühl*

»Die Eisenbahnanlage ersetzt mir weitgehend die Frau«, so der Junggeselle, »wenn ich an ihr gearbeitet habe und sie richtig lief, bin ich befriedigt.«
Gross-Anzeiger, St. Gallen

Kaugummi-König hat an der Ex-Frau schwer zu kauen. *Kölner Express*

Er mußte mit Verdacht auf Gehirn zur Beobachtung im Krankenhaus bleiben. *Westfälische Nachrichten*

Es leben 286 Ausländer aus elf Nationen in der Gemeinde . . . Außerdem gibt es 232 Rindviecher, 53 Schafe, 186 Schweine und 150 Bienenvölker . . .
Main-Echo

Fußgänger sind vor allem im hinteren Teil gefährdet.
Lenneper Kreisblatt

Zum erstenmal erlaubte Peking eine Heirat zwischen einem Franzosen und einem Chinesen.
Lübecker Nachrichten

Man fand im Slip der Zigeunerin eine gestohlene Schleifmaschine. *Bild*

Je länger ein Mensch lebt, desto schneller wächst die Wahrscheinlichkeit, daß er bald stirbt. *Quick*

Zur Diskussion sprach niemand. Der Versammlungsleiter dankte für die rege Mitarbeit.
Neue Deutsche Bauernzeitung, Ostberlin

So ein Tier gibt einem doch so viel. Es ist lieb und treu, und man hört nie ein böses Wort von ihm.
Berliner Morgenpost

Panzer zerwühlten den Acker – Bild hat geholfen. *Bild*

. . . wollen die Schlächter ihren freiberuflichen Status wahren. Die Innung erachtet es jedoch für zweckmäßig, künftig Arbeitnehmer schlachten zu lassen.

Heidenheimer Zeitung

Der Finanzausschuß war sich einig, daß seit dem 1. Januar verstorbene Bürger keine Feuerschutzabgabe mehr zu zahlen brauchen . . . *Ochsenfurter Zeitung*

Auf kriminellem Gebiet kam die Emanzipation der Frau auch 1983 (plus 0,6 Prozent) nur unwesentlich voran. *Ulmer Südwestpresse*

Als der Dieb nach gemeinsamer Nacht am Morgen verschwand, konnte sie ihn nur so beschreiben: »Er hat blaue Augen und ein weißes Hemd getragen . . .«

Der Spiegel

Nach dem Krieg war Deutschland völlig zerstört. Die Klebstoffindustrie hat einen bedeutenden Anteil am Wiederaufbau. *Journalist*

86 Meter hoher Kran stürzt auf Geschäftsführer: Nur Sachschaden. *Saarbrücker Zeitung*

Die Franzosen konnten einige Brocken Deutsch, einige sogar etwas Französisch. *Badisches Tageblatt*

Unzählige Dampfloks waren zum Hofer Hauptbahnhof gekommen, um die Ankunft einer Dampflokomotive aus der DDR mitzuerleben. *Frankenpost*

Kühe liebten Stier zu Tode. *Wiener Kurier*

Sie fiel aus allen Wolken. Ein halbes Jahr später war sie tot. *Bild*

Dieses saubere, von einem klaren Ethos durchzogene »Sex-Buch« . . ., vertuscht nichts und taucht jede Offenbarung in klares, sprudelndes Quellwasser . . .
Reform Rundschau

Charles küßt seinen Hund und dann Diana!
Wochenend

Um ihre Fische frisch zu halten, bitte nehmen Sie Ihren Eisschrank mit. An unserem Fischstand bekommen Sie Eis! *Badische Zeitung*

Autohändler dürfen Kunden nicht überfahren.
Badische Neueste Nachrichten

»Waren Sie Zeuge des Unfalls?«

Die bayrischen Seen waren voller Windsäufer . . .
Oberbayrisches Volksblatt

Besonders leicht machte es ein Autofahrer den Dieben, die am Donnerstag die Beifahrerin eines »Wolga« unverschlossen vorfanden.
Ludwigsburger Kreiszeitung

Udo Jürgens schwitzte 152 Hemden durch und verlor etwa die gleiche Anzahl Kilogramm an Gewicht.
Hör zu

Eroscenter in der Allerheiligen-Straße *Abendpost*

Im April und Mai ist Vollmond jeweils am 6. Juni und 6. Juli. *Stuttgarter Nachrichten*

Am Tag der deutschen Einheit sind öffentliche Unterhaltungsveranstaltungen nur dann erlaubt, wenn bei ihnen der ernste Charakter gewahrt ist. Darunter fallen: Tanzveranstaltungen, Striptease oder Peepshows.

Abendzeitung

»Er füttert Ihre Blumen und gießt Ihre Katze«.

Harburger Anzeiger

Der Grußpflichtige grüßt grundsätzlich, es sei denn, der Grußberechtigte gibt dem Grußpflichtigen zu verstehen, daß sich ein Gruß erübrigt . . .

Bildung aktuell

Nach dem Mutterschutzgesetz durfte die Frau nicht mehr beschädigt werden. *Bild*

Pfaff spielte ohne rechten Fuß *Bild*

*»Er hat es immer noch nicht kapiert,
wie man die Post reinholt!«*

Faßt der fremde Hund in den Rücken oder in das Gesäß, ist es am zweckmäßigsten, bewegungslos zu verharren, bis sich der Hund selbst beruhigt . . .

Deutscher Hundesport

Der Wagen streifte einen Baum, der vermutlich mit zu hoher Geschwindigkeit fuhr. *Westfälischer Anzeiger*

Auf den Falkland-Inseln gibt es zu wenig Abwechslungen für die Bewohner. In den vergangenen 25 Jahren hat es nur einen Mord gegeben . . .

Nordwest-Zeitung

Jahrelang besuchten sie zusammen die 9. Klasse . . .

Bild

Unfallzeugen am besten im Handschuhfach parat haben. *Münchner Wochenblatt*

Meine Nachbarin stiehlt. Wie kann ich ihr helfen? *Das Neue Blatt*

Am beliebtesten sind Särge aus Holz, weil sie kühl, körperfreundlich und billiger sind als Metallsärge. *Welt am Sonntag*

Nichts liegt näher, als die Sache vom Schwanz her aufzuzäumen – wenn es um die Emanzipation geht. *Landsberger Tagblatt*

Im Gegensatz zu Romeo und Julia geht diese Liebesgeschichte böse aus: Die beiden kriegen sich. *stern*

Im Hof jubilierte eine Leiche, klar und hell. *Die Welt*

Wieder mehr Babys! Ursache ist größtenteils unklar. *Fränkische Landeszeitung*

Der Minister forderte . . . Lebens- und Arbeitszeitverkürzung! *Westfälische Nachrichten*

Unruhe über hohe Durchfallquote bei Dachdeckern. *Lübecker Nachrichten*

Raubüberfälle auf Fußgänger gehören vermehrt zum täglichen Dienst der Polizei. *Nürnberger Zeitung*

Bei vernünftiger Fahrweise können bis zu hundert Prozent Kraftstoff eingespart werden. *Elbe-Geest-Wochenblatt*

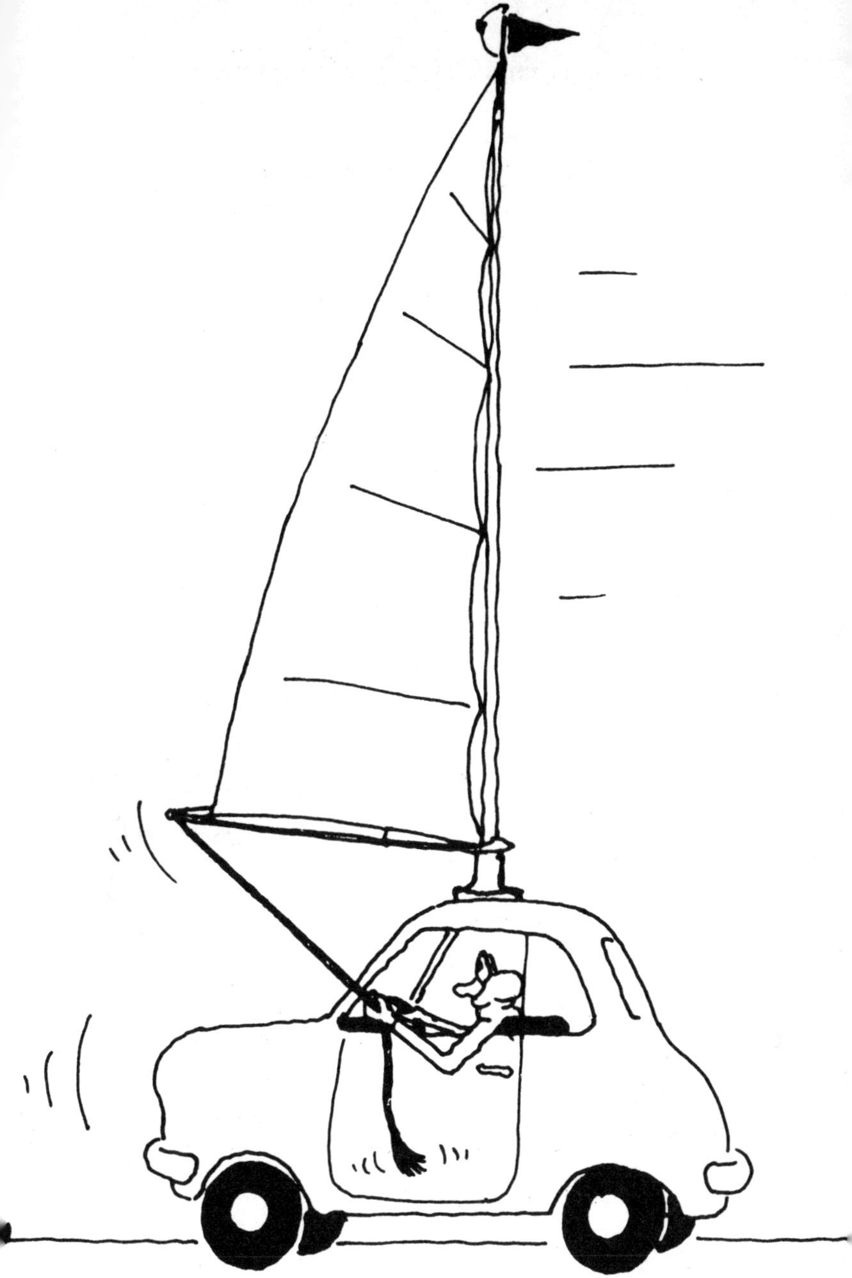

Charles Superding: Diana wieder schwanger.

Wochenend

Irrtum! Viele junge Damen glauben, die Schlacht mit ihren zwei Batterien gewinnen zu können. Jeder Artillerie-Sachverständige wird ihnen aber sagen können, daß ungetarnte Geschütze strategisch völlig wertlos sind. *Neue Welt*

. . . dann setzte sich der Getötete an den Tisch und steckte sich eine Zigarette an . . . *Coburger Tageblatt*

Mit wippendem Busen präsentierte sie auf der Rückseite ihres T-Shirts gleich ihre Telefonverbindung . . .

tz

. . . wo er wochenlang tot im Gasthaus wohnte.

Gifhorner Rundschau

Nun ist also der Wirt ganz auf den Verzehr seiner Gäste angewiesen, um existieren zu können . . .

Alpenvereinszeitung DAV

Ein PKW-Fahrer mißachtete das Rotlicht einer Ampel, das Rotlicht erfaßte die 52jährige Frau, welche gerade die Fahrbahn überquerte.

Neustadter Nachrichten

Bankräuber sind keine Berufsverbrecher. Nur die Hälfte von ihnen verfügt über eine abgeschlossene Berufsausbildung. *Mannheimer Morgen*

Fast alle Kinder kommen mit gesunden Schuhen zur Welt. *Emder Zeitung*

Die Mütter der Retortenbabys sind den Angaben zufolge Ende zwanzig und stammen aus kinderlosen Ehen. *Augsburger Allgemeine*

Dr. Holl – deutscher Spielfilm von 1951. Mit Dieter Borsche, der vor kurzem starb und damit einen seiner größten Publikumserfolge erzielte. *Südkurier*

Ihr dreiwöchiger Sohn ist mit ihr in der Zelle, obwohl er nichts Strafwürdiges getan hat.

Westfälische Rundschau

Auf Wunsch der Entschlafenen findet keine Beisetzung statt. *Geislinger Zeitung*

Dr. Kralle fand sieben Koteletts im Slip der Kundin.

Bild

Battiston heiratet am Freitag. »Der Arzt verbot mir plötzliche Bewegungen, aber meine Hochzeit wird am Freitag stattfinden«, sagte er. *ap*

Man darf aber annehmen, daß die schriftlichen Betrachtungen zum ledernen Hosentürl und dahinter verborgener Instrumente beim Publikum keine dauerhaften Eindrücke hinterlassen. *Münchner Merkur*

Während es bei den Trabern gang und gäbe ist, auf der Rennbahn laufende Hengste auch gleichzeitig decken zu lassen, ist eine solche Praxis bei den Galoppern ungebräuchlich. *Pferde-Glück*

Auf seinem kahlrasierten Schädel stehen die Haare zu Berge . . . *Bunte*

Beide Jubilare haben ihre Gattinnen verloren. Wir gratulieren! *Mittelbayerische Zeitung*

Das für den Walchensee zuständige Landratsamt Bad Tölz hat festgestellt, daß die vielen halbnackerten Madln direkt neben der vielbefahrenen Uferstraße häufig zu »stehendem Verkehr« geführt haben. *AZ*

Bei der Amtsübernahme von Bürgermeister Münch zählte Klengen 850 Einwohner, am Ende der Amtsperiode waren es 2000 Seelen. *Schwarzwälder Bote*

Man sollte Beamte ab 3000 DM Gehalt einfrieren. *WAZ*

Nur schöne nackte Frauen dürfen sich in Tropea ausziehen. *Hamburger Abendblatt*

Haltet New York City sauber. Verzehrt jeden Tag eine Straßentaube! *New Yorker Village Voice*

Den Butterschiffern werde nichts anderes übrigbleiben, als Vergnügungsfahrten mit zoll- und steuerfreiem Verkehr an Bord zu veranstalten.

Emdener Zeitung

Bevölkerung hielt zehn Stunden den Atem an.

Augsburger Allgemeine

Die Veranstaltung soll Geld einspielen für ein Hilfswerk gegen den Hunger von Karlheinz Böhm.

Von Woche zu Woche

Bayern München testet Auerbachs Frauen.

Darmstädter Echo

Er gab ihr einen Schlag auf den Kopf und wandte sich dann anderen Hausmeisteraufgaben zu.

Rhein-Neckar-Zeitung

Das Fahrzeug fuhr über den Gehsteig. Das rechte Vorderrad rollte dabei über den Fuß eines Passanten, der sich dadurch Handverletzungen zuzog.

Trierischer Volksfreund

Leider entrollten am Schluß einige unbedarfte Weiber ein Transparent gegen das Militär, wurden aber bald vertrieben. *Würzburger Katholisches Sonntagsblatt*

Schweine werden weichen, damit dort Studenten einziehen können. *Berliner Tagesspiegel*

Sie legten Bücher und Hefte aus der Hand und nahmen das Tanzbein in dieselbe. *Kieler Nachrichten*

Die Pfarrhaushälterinnen ermöglichen den Priestern ein eheloses Leben. *Rhein-Zeitung*

Die Löwin im Safari-Park hatte sich als Rabenmutter entpuppt und wollte Tina nicht säugen. In solchen Fällen war bisher die Ehefrau des Verwalters eingesprungen. *das neue*

Im Bett fand Udo Lattek die Elf, die noch den Titel holen kann. *Bild*

»Wir möchten Sie hiermit herzlich einladen, am Höhepunkt des Festivals, dem Lauf über glühende Kohlen, teilzunehmen.« *Yoga-Zentrum*

Man sollte eine Sonnenbrille nicht den ganzen Tag, sondern nur im Schatten tragen.
Lübecker Nachrichten

Der Hamburger Versicherer: »Die Frau macht in der Tiefgarage vielleicht einen kleinen Bumser, beim Mann donnert's gleich!« *Abendzeitung*

Prinzessin Margeret von England trinkt Whisky wie ein britisches Pferd Wasser. *Bild*

Der Eigentümer des gestohlenen Fahrrads konnte noch nicht von der Polizei ermittelt werden und wird deshalb im städtischen Fundamt aufbewahrt.
Vilsbiburger Zeitung

Er hat selbst an Stellen Muskeln, wo andere nicht einmal Stellen haben . . . *Woman Spectator*

Es besteht eine ziemlich große Übereinstimmung darüber, daß Kinder für den Fortbestand der Gesellschaft wichtig sind . . . *Naturwissenschaftliche Rundschau*

Alle 32 Spiele werden live im Hörfunk übertragen, davon ein Großteil in Farbe . . .
Westfälische Rundschau

Unser Foto zeigt Bürgermeister Konrad S. (mit Hut) und den preisgekrönten Zuchtstier.
Passauer Neue Presse

In einem Sechs-Stunden-Programm kamen die Sportler mit ihren Ehefrauen ohne Unterbrechung von einem Höhepunkt zum andern. *Schwäbische Post*

Durch den Ausbau der B 254 ist der Bau der Friedhofshalle dringlich geworden. *Hessische Allgemeine*

Joan Collins raucht nur nach der Liebe – zwei Päckchen am Tag. *Bild*

Schon der Verzehr von wenigen Kindern kann zu schweren Vergiftungserscheinungen führen.
Lübecker Nachrichten

Die sofort alarmierte Polizei konnte den Mann, der sich in zwölf Metern Höhe befand, nicht herunterholen und verständigte die Polizei. *Filder Zeitung*

Schluß mit wildem Parken auf den Seen. *tz*

Messner: Gleichzeitig auf zwei Achttausender. *tz*

Lieber Leser,
wir hoffen, daß Ihnen das Buch gefallen hat. Gerne informieren wir Sie über unser Verlagsprogramm, Sie brauchen dazu nur Ihre Adresse und Ihre Interessengebiete anzugeben. Wir unterrichten Sie dann regelmäßig und unverbindlich. Wenn Sie etwas bestellen möchten, leiten wir Ihren Wunsch an die nächstgelegene Buchhandlung weiter.
Mit freundlichen Grüßen
ROSENHEIMER VERLAGSHAUS

Ich interessiere mich für:

- ☐ Handarbeit/Kunsthandwerk
- ☐ Kunst/Volkskunst/Bildbände
- ☐ Geschichte/Volkskunde
- ☐ Bavarica/Mundart
- ☐ Romane/Erzählungen
- ☐ Religiöses/Besinnliches
- ☐ Karikaturen/Humor
- ☐ Alpenländisches Bücherbrett
- ☐ Alpines/Bergbücher
- ☐ Jagd

Meine Anschrift lautet:

Name: ____________________

Straße: ____________________

Wohnort: ____________________

Ich bestelle über die Buchhandlung: ____________________

_____ Expl.: ____________________

_____ Expl.: ____________________

Datum:

Unterschrift:

Der Tatort verschwand mit hoher Geschwindigkeit in der Abenddämmerung. *Prisma*

Im Hospital wurde dem Mann sofort der Magen ausgepumpt. Die Polizei fand weitere Mengen Haschisch, 14 Stangen unverzollte Zigaretten und größere Mengen US-Dollar. *Abendpost-Nachtausgabe*

In dem Ratgeber für Brutpaare wird unter anderem die Frage angeschnitten, ob Ehepartner bereits vor der Trauung sexuelle Erfahrungen gemacht haben dürfen . . . *Darmstädter Echo*

Die Ärzte sagen voraus, daß er mindestens drei Monate im Streckverband lieben muß.

Münchner Merkur

Es wurde ausführlich über die Roboter berichtet, wobei wiederholt betont wird, daß es sich um ganz normale Menschen handelt. *Bochumer Anzeiger*

Ihr erster Gedanke ist der Zettel in ihrer Hand. Sie faltet ihn auseinander und liest: »Ich muß Dich jetzt verlausen . . .« *Die Rheinpfalz*

Die erste Blinddarmoperation wird, wie geplant, nur noch zu siebzig Prozent erstattet, dafür werden die Kosten der zweiten in Zukunft voll ersetzt.
Stuttgarter Nachrichten

Die Enthauptung verlief ohne Zwischenfälle. Nachdem das Beil niedergesaust war, lief die Menge kopflos davon. *Ülzener AZ*

An der Bushaltestelle Marktplatz wurde ein blaues Schulmädchen verloren. *Amtsblatt Sonnenbühl*

Derwall ging weiter. Die heilenden Hände des Masseurs eilten hinterher. *Leonberger Kreisblatt*

Beim Axel legte sich Claudia hin. *BamS*

Lehrer geben immer mehr Hausaufgaben – ist das Hausfriedensbruch? *Blick, Zürich*

Die Königin der Bienen hat wie die Königin von England gar nichts zu befehlen. Sie ist nur ein Eierlege-Roboter ... *Auto aktuell*

60 000 – 100 000 Frauen (unter ihnen auffallend viele Männer) waren angereist. *Emma*

Schrecklicher Regen: Sogar Fische ertranken. *Bild*

Die gemeine Kopflaus ist jetzt wieder in aller Munde. *dpa*

Dem unter Alkoholeinfluß stehenden Arbeitslosen mußte eine Mutprobe entnommen werden. *Rhein-Neckar-Zeitung*

Extremißmus muß Nährboden entzogen werden. *Dill-Zeitung*

... für den, der dieses Buch nicht kennt, wird es neu sein. *Stuttgarter Nachrichten*

 ISBN 3-475-52469-4

Dieses Buch erscheint in der Reihe »Rosenheimer Raritäten« im Rosenheimer Verlagshaus Alfred Förg GmbH & Co. KG, Rosenheim.
Es wurde gesetzt bei Bruno Leingärtner in Nabburg, gedruckt bei Wagner GmbH in Nördlingen und gebunden bei Conzella in München.
Den Umschlag gestaltete Erik Liebermann, Starnberg.